第一季
诗书中华

"诗书中华"栏目组◎编

上海人民出版社

向着传统和未来

孙甘露

　　传统文化与文化传统日渐受到社会关注，文化的表达形态和传承方式也为更多读者所关切。当代读者享有多方面的传统资源，也承受着多方面的文化影响；悠久的汉语文学传统，每一样都或隐或显地伴随着时代更替，对应着波澜起伏的社会变迁，标示着其自身历史的递进和转折。

　　五四新文化运动前后，伴随着中国融入世界、建立现代文明国家的现实诉求，外来的影响渐次显现，由此引起巨大的思想震荡，带来繁复的社会样貌。

　　新中国建立以后，苏俄文学的广泛译介，更是融入一代人的精神生活之中；及至新时期文学，汉语读者遭遇了前所未有的复杂处境和外部文化经验的冲击。由此，面对世界——域外世界的审视和内部经验的认同——潜在的中国经验和中国表达

逐渐地迫切起来。

　　和世界对话的强烈愿望内在于对中国现实的清晰而独特的呈现，也内在于现代汉语的成长和审美范式的确立，汉语读者遭遇了自古至今全新的历史机遇和阅读挑战。一方面，古代汉语优美的典范性的篇章彰显着历史性的高度，对成长中的新文化形成规制和约束；另一方面，大量译介的东、西方经典不仅在观念、观察上，同时在叙述、文体、修辞等各个方面对汉语阅读形成冲击。

　　我们正在经历的生活，毫无疑问是繁复、曲折而壮丽的，而遗存给未来世代的文化将如何既保存每个时代最最重要的信息，为后来人所珍视，又以它特殊唯一的样貌标识出纷繁生动的今日七彩舞台，并且保有无可替代的艺术价值，使今后的读者继续沐浴着汉语经典的荣耀和光辉，我想，这大概就是"诗书中华"和我们每一个读者的祈愿。

二〇一七年七月

目录

序..孙甘露

第一集... 1

第二集... 33

第三集... 65

第四集... 93

第五集... 131

第六集... 159

第七集... 191

第八集... 221

第九集... 251

第十集... 285

第十一集... 321

第十二集... 353

第十三集... 387

诗书达人自测题....................................... 415

第一集

诗书中华

一、家有诗书

"家有诗书挑战赛"共7题，采用"曲水流觞"方式，随机选择一组家庭上台答题，两个家庭成员通过接上下句的方式，答出含有这个赠字的古诗文，答对5题即可通过挑战。

第一组家庭：艾米尔（王子西）、玛利亚（王子怡）(兄妹)

嘉宾评点： 我觉得艾米尔和妹妹你们是两国文化的结晶。其实唐诗里直接用外语入诗的情况都有，比如白居易《暮江吟》："一道残阳铺水中，半江瑟瑟半江红。""瑟瑟"这两个字的起源地离你爸爸的老家（突尼斯）那边很近，"瑟瑟"其实是来自今天亚洲西部的一种语言，是珍珠、绿宝石的意思。所以一半的江水闪耀着绿宝石一般的颜色，一半的江水是红色，被残阳照着。你看白居易在这里就用外语，一半绿，一半红。

（钱文忠）

月

月出惊山鸟，时鸣春涧中。——唐·王维《鸟鸣涧》

天

卷地风来忽吹散，望湖楼下水如天。——宋·苏轼《六月二十七日望湖楼醉书》

鸟

鸟宿池边树，僧敲月下门。——唐·贾岛《题李凝幽居》

家风亮点：真棒！哥哥还替妹妹正音，"宿"这个音我都发不准，我从小生长在上海，上海话没有卷舌音，所以这个发音我都很累。（钱文忠）

夜

夜来风雨声，花落知多少。——唐·孟浩然《春晓》

风

风急天高猿啸哀，渚清沙白鸟飞回。——唐·杜甫《登高》

第二组家庭：李骥华、李芸芸（父女）

故

露从今夜白，月是故乡明。——唐·杜甫《月夜忆舍弟》

树

沉舟侧畔千帆过，病树前头万木春。——唐·刘禹锡《酬乐天扬州初逢席上见赠》

夜

夜来风雨声，花落知多少。——唐·孟浩然《春晓》

晴

月有阴晴圆缺，人有悲欢离合。——宋·苏轼《水调歌头》（明月几时有）

鸟

鸟宿池边树，僧敲月下门。——唐·贾岛《题李凝幽居》

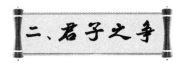

二、君子之争

"君子之争对战赛"，两组家庭先完成一组抢答题，抢到并答对得分，答错则对方得分。率先获得 4 分的家庭获胜。

艾米尔、玛利亚 VS 李骥华、李芸芸

（一）循字辨文题

以下是一联古诗或一句古文，隐去其内容，诗文中的字将逐个出现，直到此联全部出完。选手可随时抢答，最先抢到并

答对者得 1 分，答错则对方得分。

1. 根据所给提示，说出一联古诗或一句古文。

提示字：乎

| | | | | | | | | 乎 |

提示字：而

| | 而 | | | | | | | 乎 |

提示字：之

| | 而 | | | 之 | | | | 乎 |

提示字：亦

| | 而 | | | 之 | | 亦 | | 乎 |

提示字：时

| | 而 | 时 | | 之 | | 亦 | | 乎 |

提示字：不

| | 而 | 时 | | 之 | 不 | 亦 | | 乎 |

提示字：习

| | 而 | 时 | 习 | 之 | 不 | 亦 | | 乎 |

提示字：**学**

| 学 | 而 | 时 | 习 | 之 | | 不 | 亦 | | 乎 |

提示字：**说**

| 学 | 而 | 时 | 习 | 之 | | 不 | 亦 | 说 | 乎 |

答案：学而时习之，不亦说乎？——《论语·学而》

> **家风亮点：**主持人，我有个提议。我们这个比赛是"君子之争"，所以我觉得爸爸就往后撤一步，让我们三个相对来说同龄的小朋友来比赛。（李芸芸）

2. 根据所给提示，说出一联古诗或一句古文。

提示字：**无**

| | | | | | | | | 无 | |

提示字：**风**

| | 风 | | | | | | | 无 | |

提示字：**夜**

| | 风 | | 夜 | | | | | 无 | |

提示字：声

| | 风 | | | 夜 | | | | 无 | 声 |

提示字：物

| | 风 | | | 夜 | | 物 | | 无 | 声 |

提示字：入

| | 风 | | 入 | 夜 | | 物 | | 无 | 声 |

提示字：细

| | 风 | | 入 | 夜 | | 物 | 细 | 无 | 声 |

提示字：随

| 随 | 风 | | 入 | 夜 | | 物 | 细 | 无 | 声 |

提示字：润

| 随 | 风 | | 入 | 夜 | 润 | 物 | 细 | 无 | 声 |

提示字：潜

| 随 | 风 | 潜 | 入 | 夜 | 润 | 物 | 细 | 无 | 声 |

答案：随风潜入夜，润物细无声。——唐·杜甫《春夜喜雨》

3. 根据所给提示，说出一联古诗或一句古文。

提示字：月

			月			

提示字：人

	人					
			月			

提示字：辞

	人		辞			
			月			

提示字：花

	人		辞			
	花		月			

提示字：州

	人		辞			
	花		月			州

提示字：下

	人		辞			
	花		月	下		州

提示字：故

故	人		辞			
	花		月	下		州

提示字：楼

故	人		辞			楼
	花		月	下		州

提示字：三

故	人		辞			楼
	花	三	月	下		州

提示字：黄

故	人		辞	黄		楼
	花	三	月	下		州

提示字：鹤

故	人		辞	黄	鹤	楼
	花	三	月	下		州

提示字：烟

故	人		辞	黄	鹤	楼
烟	花	三	月	下		州

提示字：**西**

| 故 | 人 | 西 | 辞 | 黄 | 鹤 | 楼 |
| 烟 | 花 | 三 | 月 | 下 | | 州 |

提示字：**扬**

| 故 | 人 | 西 | 辞 | 黄 | 鹤 | 楼 |
| 烟 | 花 | 三 | 月 | 下 | 扬 | 州 |

答案：故人西辞黄鹤楼，烟花三月下扬州。——唐·李白
《黄鹤楼送孟浩然之广陵》

（二）选择题

1."昔孟母，择邻处，子不学，断机杼"中"机杼"是指？

A.木质的戒尺　　　B.织布机上的梭子　　　C.竹简

答案：**B**

嘉宾评点：有个音发错了，织布机上的梭（suō）子，岁月如梭，来往穿梭，不读 jùn。所谓的"断机杼"，这个梭子另有所指。孟母所裁断的应该不是那根硬邦邦的木头梭子，而是她已经织成的布匹。（张大春）

还有一种说法，"断机杼"的意思是把这个梭子从经纬线里抽出来，抽出来织好的布就已经散了，那也就是要教育孩子，做任何事不能半途而废，要持之以恒。既然开始了，就要坚持下去，学习最要紧的是恒心。（钱文忠）

2. 贺知章《回乡偶书》中有"少小离家老大回"，诗人为何回乡？

A. 结婚   B. 养老   C. 种田

答案：**B**

唐·贺知章《回乡偶书》

少小离家老大回，乡音无改鬓毛衰。儿童相见不相识，笑问客从何处来。

3. 成语"当仁不让"出自以下哪部典籍？

A.《孟子》   B.《论语》   C.《老子》

答案：**B**

第二轮

一、家有诗书

第三组家庭：魏谣、饶舜涵（表姐弟）

日

日照香炉生紫烟，遥看瀑布挂前川。——唐·李白《望庐山瀑布》

时

月出惊山鸟，时鸣春涧中。——唐·王维《鸟鸣涧》

无

山重水复疑无路，柳暗花明又一村。——宋·陆游《游山西村》

朱

朱雀桥边野草花，乌衣巷口夕阳斜。——唐·刘禹锡《乌衣巷》

第四组家庭：车凯渤、张兆阳（表兄弟）

知

遥知不是雪，为有暗香来。——宋·王安石《梅花》

白

白日依山尽，黄河入海流。——唐·王之涣《登鹳雀楼》

万

忽如一夜春风来，千树万树梨花开。——唐·岑参《白雪歌送武判官归京》

雪

冬雷震震，夏雨雪。天地合，乃敢与君绝。——汉·乐府民歌《上邪》

> **嘉宾评点：**这里有一个读音"雨"，不能读"夏雨（yǔ）雪"，只能读"夏雨（yù）雪"。比如"春风风人""夏雨雨人"，你不能念"风（fēng）人""雨（yǔ）人"，而要读去声，"风（fèng）人""雨（yù）人"，第二个字是动词，动词就要变作去声了。（张大春）

影

举杯邀明月，对影成三人。——唐·李白《月下独酌》（其一）

二、君子之争

（一）循字辨文题

1. 根据所给提示，说出一联古诗或一句古文。

提示字：**有**

		有								

提示字：**来**

		有					来			

提示字：**无**

		有					来	无		

提示字：**笑**

	笑	有					来	无		

提示字：**往**

	笑	有				往	来	无		

提示字：丁

| | 笑 | 有 | | | 往 | 来 | 无 | | 丁 |

提示字：鸿

| | 笑 | 有 | 鸿 | | 往 | 来 | 无 | | 丁 |

提示字：白

| | 笑 | 有 | 鸿 | | 往 | 来 | 无 | 白 | 丁 |

提示字：儒

| | 笑 | 有 | 鸿 | 儒 | 往 | 来 | 无 | 白 | 丁 |

提示字：谈

| 谈 | 笑 | 有 | 鸿 | 儒 | 往 | 来 | 无 | 白 | 丁 |

答案：谈笑有鸿儒，往来无白丁。——唐·刘禹锡《陋室铭》

2. 根据所给提示，说出一联古诗或一句古文。

提示字：上

| | | | | | | | | | 上 |

提示字：入

| | | 入 | | | | | | | 上 |

提示字：青

		入					青		上

提示字：林

		入		林			青		上

提示字：复

		入		林	复		青		上

提示字：深

		入	深	林	复		青		上

提示字：景

	景	入	深	林	复		青		上

提示字：照

	景	入	深	林	复	照	青		上

提示字：返

返	景	入	深	林	复	照	青		上

提示字：苔

返	景	入	深	林	复	照	青	苔	上

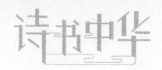

答案：返景入深林，复照青苔上。——唐·王维《鹿柴（zhài）》

3.根据所给提示，说出一联古诗或一句古文。

提示字：一

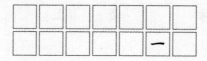

提示字：水

提示字：花

提示字：山

提示字：路

<table>
<tr><td>山</td><td></td><td>水</td><td></td><td></td><td>路</td></tr>
<tr><td></td><td></td><td>花</td><td></td><td>一</td><td></td></tr>
</table>

提示字：无

山		水			无	路
		花			一	

提示字：明

山		水			无	路
		花	明		一	

提示字：村

山		水			无	路
		花	明		一	村

提示字：暗

山		水			无	路
	暗	花	明		一	村

提示字：重

山	重	水			无	路
	暗	花	明		一	村

提示字：柳

山	重	水			无	路
柳	暗	花	明		一	村

提示字：**又**

山	重	水			无	路
柳	暗	花	明	又	一	村

提示字：**复**

山	重	水	复		无	路
柳	暗	花	明	又	一	村

提示字：**疑**

山	重	水	复	疑	无	路
柳	暗	花	明	又	一	村

答案：山重水复疑无路，柳暗花明又一村。——宋·陆游《游山西村》

（二）选择题

1. 刘禹锡的名句"花开时节动京城"中，"京城"指的是哪里？

A. 长安　　　　　　B. 洛阳　　　　　　C. 太原

答案：**A**

唐·刘禹锡《赏牡丹》

庭前芍药妖无格，池上芙蕖净少情。唯有牡丹真国色，花开时节动京城。

2.《核舟记》描绘了小小"核舟"上的人物和景物，请问"核舟"是用什么材料制作的？

A. 桃核　　　　B. 枣核　　　　C. 核桃

答案：**A**

3. 下列选项中，哪一项不是描写建筑的？

A.《阿房宫赋》中的"钩心斗角"

B.《礼记·檀弓下》中的"美轮美奂"

C.《史记·高祖本纪》中的"高屋建瓴"

答案：**C**

嘉宾评点：很多人把"美轮美奂"乱用，比如这一场演出美轮美奂，甚至形容人，比如张大春先生长得"美轮美奂"，这个是错的。因为它的出典在《礼记·檀弓下》。"美轮美奂"几个字不是连在一起的。晋国有个大夫晋献文子造房子，造完了以后就有人赞，所以连起来讲，叫"美轮美奂"。"轮"是大的意思，"奂"是多的意思，这房子又多又大，所以非常好。"高屋建瓴"其实是一个比喻。"高屋"就是在高高的屋顶上，"建"的意思是倒，"瓴"是瓶子、水瓶。就是站在高高的屋顶上，把一瓶水倒下去，叫"高屋建瓴"，跟建筑没有关系。

（钱文忠）

一、家有诗书

第五组家庭：左占盛、左东煜（父子）

家风亮点：我叫左东煜，是抚顺市第十二中学一个普通的后勤工作人员，这位是我的父亲左占盛先生。我到这儿来只有一个目的，就是向我的父亲以及我的母亲表达我的感恩之心。因为我从小体弱多病，是早产儿。当时我们市里唯一一台保温箱，谁都不会用。我父亲也不是医生，但他看说明书再实际去操作，把我给抢救过来了。（左东煜）

云

三十功名尘与土，八千里路云和月。——宋·岳飞《满江红》

飞

飞流直下三千尺，疑是银河落九天。——唐·李白《望庐山瀑布》

千

千山鸟飞绝，万径人踪灭。——唐·柳宗元《江雪》

小

小荷才露尖尖角，早有蜻蜓立上头。——宋·杨万里《小池》

叶

停车坐爱枫林晚，霜叶红于二月花。——唐·杜牧《山行》

家风亮点：我们可以想象，当孩子在病中，一定是父亲陪伴孩子。但是当父亲已经渐渐衰老，孩子也要去陪伴父亲，也就是相互陪伴的过程。我相信一定不只是表面上我们看到的，这里面应该会有非常多的艰辛。（张大春）

现在有一个词叫"拼爹"，我的父亲不是一个魁梧的人，也没有什么权势可以让我依靠，但是他给了我一个父亲所能给的一切。我知道我不是什么大富大贵的人，我也知道，您对我的付出是无法计量的。但请您相信，您的儿子无论在任何时候都会尽全力，让您为您的儿子感到骄傲。（左东煜）

诗书中华

二、君子之争

车凯渤、张兆阳 **VS** 左占盛、左东煜

（一）循字辨文题

1. 根据所给提示，说出一联古诗或一句古文。

提示字：**山**

		山							

提示字：**河**

		山			河			

提示字：**海**

		山		河		海	

提示字：**日**

	日	山		河		海	

提示字：**尽**

	日	山 尽		河		海	

提示字: **黄**

| | 日 | | 山 | 尽 | | 黄 | 河 | | 海 | |

提示字: **依**

| | 日 | 依 | 山 | 尽 | | 黄 | 河 | | 海 | |

提示字: **入**

| | 日 | 依 | 山 | 尽 | | 黄 | 河 | 入 | 海 | |

提示字: **白**

| 白 | 日 | 依 | 山 | 尽 | | 黄 | 河 | 入 | 海 | |

提示字: **流**

| 白 | 日 | 依 | 山 | 尽 | | 黄 | 河 | 入 | 海 | 流 |

答案: 白日依山尽，黄河入海流。——唐·王之涣《登鹳雀楼》

2. 根据所给提示，说出一联古诗或一句古文。

提示字: **在**

| | | | | | | |

| | | | 在 | | |

提示字：相

					相	
				在		

提示字：一

					相	
一				在		

提示字：亲

		亲			相	
一				在		

提示字：如

		亲		如	相	
一				在		

提示字：心

		亲		如	相	
一			心	在		

提示字：片

		亲		如	相	
一	片		心	在		

提示字：阳

	阳	亲		如	相	
一	片		心	在		

提示字：问

	阳	亲		如	相	问
一	片		心	在		

提示字：玉

	阳	亲		如	相	问
一	片		心	在	玉	

提示字：友

	阳	亲	友	如	相	问
一	片		心	在	玉	

提示字：冰

	阳	亲	友	如	相	问
一	片	冰	心	在	玉	

提示字：洛

洛	阳	亲	友	如	相	问
一	片	冰	心	在	玉	

提示字：壶

洛	阳	亲	友	如	相	问
一	片	冰	心	在	玉	壶

答案：洛阳亲友如相问，一片冰心在玉壶。——唐·王昌龄《芙蓉楼送辛渐》

3. 根据所给提示，说出一联古诗或一句古文。

提示字：而

				而		

提示字：之

						之
				而		

提示字：而

				而		之
				而		

提示字：以

				而		之
	以			而		

提示字：以

| | 以 | | | 而 | | 之 |
| | 以 | | | 而 | | |

提示字：为

| | 以 | | | 而 | | 之 |
| | 以 | | | 而 | | 为 |

提示字：小

| | 以 | | | 而 | | 之 |
| | 以 | | 小 | 而 | | 为 |

提示字：为

| | 以 | | | 而 | 为 | 之 |
| | 以 | | 小 | 而 | | 为 |

提示字：不

| | 以 | | | 而 | 为 | 之 |
| | 以 | | 小 | 而 | 不 | 为 |

提示字：小

| | 以 | | 小 | 而 | 为 | 之 |
| | 以 | | 小 | 而 | 不 | 为 |

提示字：勿

	以		小	而	为	之
勿	以		小	而	不	为

提示字：善

	以		小	而	为	之
勿	以	善	小	而	不	为

提示字：勿

勿	以		小	而	为	之
勿	以	善	小	而	不	为

提示字：恶

勿	以	恶	小	而	为	之
勿	以	善	小	而	不	为

答案：勿以恶小而为之，勿以善小而不为。——三国蜀·刘备《遗诏》(《三国志》裴松之注引)

家风亮点：这句话对塑造中华民族古代很多家族的家风发挥过重大作用。下面还有八个字："惟贤惟德，

能服于人。"你要凭你的这个本事，和你的道德修养，才能让人服，才能使人服。所以后面这八个字其实也特别棒。（钱文忠）

（二）选择题

1."日出江花红胜火，春来江水绿如蓝"中表示颜色的字有几个？

A. 2　　　　　　B. 3　　　　　　C. 4

答案：**A**

嘉宾评点："春来江水绿如蓝"的"蓝"，你先从诗句的对仗上看，这个"蓝"字对的是上一联的"火"，所以它应该是一个名物。它是一种植物：蓝草。过去从这个植物里提炼出一种原料来染衣服，因为过去纺的土布要染色。（钱文忠）

2. 李清照《如梦令》"知否，知否？应是绿肥红瘦"中描述的是什么花？

A. 桃花　　　　　　B. 芍药　　　　　　C. 海棠

答案：**C**

宋·李清照《如梦令》

昨夜雨疏风骤，浓睡不消残酒。试问卷帘人，却道海棠依旧。知否，知否？应是绿肥红瘦。

第二集

诗书中华

一、家有诗书

第一组家庭：蒋氏兄弟（四胞胎）

云

远上寒山石径斜，白云生处有人家。——唐·杜牧《山行》

酒

一曲新词酒一杯，去年天气旧亭台。——宋·晏殊《浣溪沙》

（一曲新词酒一杯）

江

江流天地外，山色有无中。——唐·王维《汉江临眺》

鸟

月出惊山鸟，时鸣春涧中。——唐·王维《鸟鸣涧》

第二组家庭：周立言、俞文洁（表姐妹）

家风亮点：我们特别喜欢古诗词，然后也特别喜欢
古诗词当中的意蕴。像我们的每件衣服（旗袍），其实

它都有诗词一样的名字。我身上这件白色的叫"霜露白"，妹妹身上的绿旗袍叫"柳梢青"，是取自词牌名《柳梢青》。2015 年米兰世博会的时候，我们代表苏州的绣娘和苏绣旗袍的设计师，在国际舞台上展示我们中国传统的手工技艺，这个是诗词赋予我们的骄傲，也是诗词赋予我们的机遇，我们很珍惜。

（周立言）

月

月上柳梢头，人约黄昏后。——宋·欧阳修《生查子·元夕》

泪

泪眼问花花不语，乱红飞过秋千去。——宋·欧阳修《蝶恋花》（庭院深深深几许）

儿

遥怜小儿女，未解忆长安。——唐·杜甫《月夜》

君

君不见，高堂明镜悲白发，朝如青丝暮成雪。——唐·李白《将进酒》

杯

举杯邀明月，对影成三人。——唐·李白《月下独酌》（其一）

第三组家庭：熊树星、熊子祥（堂兄弟）

来

尔来四万八千岁，不与秦塞通人烟。——唐·李白《蜀道难》

二

解落三秋叶，能开二月花。——唐·李峤《风》

舟

李白乘舟将欲行，忽闻岸上踏歌声。——唐·李白《赠汪伦》

国

国破山河在，城春草木深。——唐·杜甫《春望》

烟

城阙辅三秦，风烟望五津。——唐·王勃《送杜少府之任蜀州》

二、君子之争

周立言、俞文洁 VS 熊树星、熊子祥

（一）循字辨文题

1.根据所给提示，说出一联古诗或一句古文。

提示字：**山**

	山							

提示字：人

| | 山 | | | | | | 人 | | |

提示字：但

| | 山 | | | | 但 | | 人 | | |

提示字：人

| | 山 | | | 人 | 但 | | 人 | | |

提示字：见

| | 山 | | 见 | 人 | 但 | | 人 | | |

提示字：响

| | 山 | | 见 | 人 | 但 | | 人 | | 响 |

提示字：不

| | 山 | 不 | 见 | 人 | 但 | | 人 | | 响 |

提示字：语

| | 山 | 不 | 见 | 人 | 但 | | 人 | 语 | 响 |

提示字：空

| 空 | 山 | 不 | 见 | 人 | 但 | | 人 | 语 | 响 |

提示字：**闻**

| 空 | 山 | 不 | 见 | 人 | | 但 | 闻 | 人 | 语 | 响 |

答案：空山不见人，但闻人语响。——唐·王维《鹿柴》

2. 根据所给提示，说出一联古诗或一句古文。

提示字：**天**

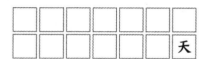

提示字：**下**

提示字：**是**

提示字：**千**

提示字：河

			下		千	
	是		河			天

提示字：流

	流		下		千	
	是		河			天

提示字：尺

	流		下		千	尺
	是		河			天

提示字：落

	流		下		千	尺
	是		河	落		天

提示字：飞

飞	流		下		千	尺
	是		河	落		天

提示字：三

飞	流		下	三	千	尺
	是		河	落		天

提示字：**九**

飞	流		下	三	千	尺
	是		河	落	九	天

提示字：**疑**

飞	流		下	三	千	尺
疑	是		河	落	九	天

提示字：**直**

飞	流	直	下	三	千	尺
疑	是		河	落	九	天

提示字：**银**

飞	流	直	下	三	千	尺
疑	是	银	河	落	九	天

答案：飞流直下三千尺，疑是银河落九天。——唐·李白《望庐山瀑布》

3. 根据所给提示，说出一联古诗或一句古文。

提示字：**离**

提示字：眼

| | | | | | | | 眼 | | 离 |

提示字：扑

| | | | 扑 | | | | 眼 | | 离 |

提示字：迷

| | | | 扑 | | | | 眼 | 迷 | 离 |

提示字：雌

| | | | 扑 | | 雌 | | 眼 | 迷 | 离 |

提示字：脚

| | | 脚 | 扑 | | 雌 | | 眼 | 迷 | 离 |

提示字：兔

| | | 脚 | 扑 | | 雌 | 兔 | 眼 | 迷 | 离 |

提示字：兔

| | 兔 | 脚 | 扑 | | 雌 | 兔 | 眼 | 迷 | 离 |

提示字：雄

| 雄 | 兔 | 脚 | 扑 | | 雌 | 兔 | 眼 | 迷 | 离 |

提示字：朔

| 雄 | 兔 | 脚 | 扑 | 朔 | | 雌 | 兔 | 眼 | 迷 | 离 |

答案：雄兔脚扑朔，雌兔眼迷离。——北朝民歌《木兰辞》

（二）选择题

1. 唐代诗人杜牧曾写到赤壁古战场上的一件兵器，深埋沙中，引发思古之幽情，请问这件兵器是？

A. 剑   B. 戟   C. 矛

答案：**B**

> **唐·杜牧《赤壁》**
>
> 折戟沉沙铁未销，自将磨洗认前朝。东风不与周郎便，铜雀春深锁二乔。

2. "人知从太守游而乐，而不知太守之乐其乐也"，"太守"是指谁？

A. 滕子京   B. 苏轼   C. 欧阳修

答案：**C**

3. 当有人称赞你的专业素养无人可及时，引用以下哪句诗文回应更合适？

A. 问君何能尔，心远地自偏。

B. 闻道有先后，术业有专攻。

C. 会当凌绝顶，一览众山小。

答案：**B**

（三）主观题

1. 用一句古诗文形容蒙克的名画《呐喊》。

熊树星答案：满纸荒唐言，一把辛酸泪。——清·曹雪芹《红楼梦》

周立言答案：为天地立心，为生民立命，为往圣继绝学，为万世开太平。——《宋元学案·横渠学案》

钱文忠答案：大风起兮云飞扬，威加海内兮归故乡，安得

猛士兮守四方！——汉·刘邦《大风歌》

　　张大春答案：君不见金粟堆前松柏里，龙媒去尽鸟呼风。——唐·杜甫《韦讽录事宅观曹将军画马图》

第三组家庭：吴孝琰、吴建民（父子）

云

三十功名尘与土，八千里路云和月。——宋·岳飞《满江红》

千

千山鸟飞绝，万径人踪灭。——唐·柳宗元《江雪》

　　嘉宾评点：老人家这个"绝"字发音发得完全符合古韵，因为它是个入声字，它念短促音。"千山鸟飞绝"，一下子鸟都没了。用普通话念"千山鸟飞绝"，还扬一扬，还有鸟在，老人家这么一念，一只鸟都没了。（钱文忠）

海

海内存知己，天涯若比邻。——唐·王勃《送杜少府之任蜀州》

识

莫愁前路无知己，天下谁人不识君。——唐·高适《别董大》（其一）

爱

停车坐爱枫林晚，霜叶红于二月花。——唐·杜牧《山行》

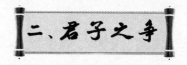

（一）循字辨文题

1.根据所给提示，说出一联古诗或一句古文。

提示字：**红**

							红

提示字：**山**

	山						红

提示字：在

| | 山 | | | 在 | | | | | | 红 |

提示字：度

| | 山 | | | 在 | | 度 | | | 红 |

提示字：夕

| | 山 | | | 在 | | 度 | 夕 | | 红 |

提示字：几

| | 山 | | | 在 | 几 | 度 | 夕 | | 红 |

提示字：阳

| | 山 | | | 在 | 几 | 度 | 夕 | 阳 | 红 |

提示字：青

| 青 | 山 | | | 在 | 几 | 度 | 夕 | 阳 | 红 |

提示字：旧

| 青 | 山 | | 旧 | 在 | 几 | 度 | 夕 | 阳 | 红 |

提示字：依

| 青 | 山 | 依 | 旧 | 在 | 几 | 度 | 夕 | 阳 | 红 |

答案：青山依旧在，几度夕阳红。——明·杨慎《临江仙》

2. 根据所给提示，说出一联古诗或一句古文。

提示字：**还**

						还

提示字：**百**

		百				
						还

提示字：**不**

		百				
不						**还**

提示字：**不**

		百				
不					**不**	**还**

提示字：**兰**

		百				
不			**兰**		**不**	**还**

提示字：**战**

		百	战			
不			兰		不	还

提示字：**破**

		百	战			
不	破		兰		不	还

提示字：**金**

		百	战		金	
不	破		兰		不	还

提示字：**黄**

黄		百	战		金	
不	破		兰		不	还

提示字：**穿**

黄		百	战	穿	金	
不	破		兰		不	还

提示字：楼

黄		百	战	穿	金	
不	破	楼	兰		不	还

提示字：沙

黄	沙	百	战	穿	金	
不	破	楼	兰		不	还

提示字：终

黄	沙	百	战	穿	金	
不	破	楼	兰	终	不	还

提示字：甲

黄	沙	百	战	穿	金	甲
不	破	楼	兰	终	不	还

答案：黄沙百战穿金甲，不破楼兰终不还。——唐·王昌龄《从军行》（其四）

3. 根据所给提示，说出一联古诗或一句古文。

提示字：之

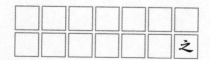

提示字：**而**

				而		
						之

提示字：**不**

				而		
	不					之

提示字：**者**

				而		
	不		者			之

提示字：**而**

				而		
	不		者	而		之

提示字：**其**

	其			而		
	不		者	而		之

提示字：**从**

	其			而	从	
	不		者	而		之

提示字：善

	其	善		而	从	
	不		者	而		之

提示字：其

	其	善		而	从	
其	不		者	而		之

提示字：之

	其	善		而	从	之
其	不		者	而		之

提示字：改

	其	善		而	从	之
其	不		者	而	改	之

提示字：者

	其	善	者	而	从	之
其	不		者	而	改	之

提示字：善

	其	善	者	而	从	之
其	不	善	者	而	改	之

提示字：择

| 择 | 其 | 善 | 者 | 而 | 从 | 之 |
| 其 | 不 | 善 | 者 | 而 | 改 | 之 |

答案：择其善者而从之，其不善者而改之。——《论语·述而》

（二）选择题

1.《论语》中有"阳货欲见孔子，孔子不见，归（kuì）孔子豚"。请问"豚"是指？

A. 河豚　　　　　B. 小牛　　　　　C. 小猪

答案：**C**

2. 韩愈《早春呈水部张十八员外》中，"草色遥看（kān）近却无"的原因是什么？

A. 春雨后水雾太多

B. 草刚刚冒芽

C. 草还没有长出来

答案：**B**

唐·韩愈《早春呈水部张十八员外》

天街小雨润如酥，草色遥看近却无。最是一年春好处，绝胜烟柳满皇都。

3."捐躯赴国难，视死忽如归"一句出自谁的笔下？

A.屈原　　　　　B.曹植　　　　　C.文天祥

答案：**B**

　　嘉宾评点：这道题出得很有水平，有迷惑性。我们印象中的曹植应该是风流倜傥的，拿支笔七步成诗，没想到曹植的笔下不弱。（钱文忠）

第三轮

第四组家庭：张馨宜、杨双一（表姐妹）

水

水光潋滟晴方好，山色空蒙雨亦奇。——宋·苏轼《饮湖上初晴后雨》（其二）

心

嫦娥应悔偷灵药，碧海青天夜夜心。——唐·李商隐《嫦娥》

情

此情可待成追忆，只是当时已惘然。——唐·李商隐《锦瑟》

海

海上生明月，天涯共此时。——唐·张九龄《望月怀远》

莲

鱼戏莲叶东，鱼戏莲叶西。——汉·乐府民歌《江南》

二、君子之争

熊树星、熊子祥　**VS**　张馨宜、杨双一

（一）循字辨文题

1. 根据所给提示，说出一联古诗或一句古文。

提示字：**天**

		天								

提示字：**一**

		天					一		

提示字：**来**

	来	天					一	

提示字：**雪**

| | 来 | 天 | | 雪 | | | 一 | | |

提示字：**杯**

| | 来 | 天 | | 雪 | | | 一 | 杯 | |

提示字：**饮**

| | 来 | 天 | | 雪 | | 饮 | 一 | 杯 | |

提示字：**晚**

| 晚 | 来 | 天 | | 雪 | | 饮 | 一 | 杯 | |

提示字：**能**

| 晚 | 来 | 天 | | 雪 | 能 | 饮 | 一 | 杯 | |

提示字：**无**

| 晚 | 来 | 天 | | 雪 | 能 | 饮 | 一 | 杯 | 无 |

提示字：**欲**

| 晚 | 来 | 天 | 欲 | 雪 | 能 | 饮 | 一 | 杯 | 无 |

答案：晚来天欲雪，能饮一杯无？ ——唐·白居易《问刘十九》

2. 根据所给提示，说出一联古诗或一句古文。

提示字：花

				花		

提示字：燕

				花		
				燕		

提示字：落

				花	落	
				燕		

提示字：曾

				花	落	
	曾			燕		

提示字：可

	可			花	落	
	曾			燕		

提示字：归

	可			花	落	
	曾			燕	归	

提示字：相

	可			花	落	
	曾	相		燕	归	

提示字：何

	可		何	花	落	
	曾	相		燕	归	

提示字：来

	可		何	花	落	
	曾	相		燕	归	来

提示字：去

	可		何	花	落	去
	曾	相		燕	归	来

提示字：无

无	可		何	花	落	去
	曾	相		燕	归	来

提示字：**识**

无	可		何	花	落	去
	曾	相	识	燕	归	来

提示字：**奈**

无	可	奈	何	花	落	去
	曾	相	识	燕	归	来

提示字：**似**

无	可	奈	何	花	落	去
似	曾	相	识	燕	归	来

答案：无可奈何花落去，似曾相识燕归来。——宋·晏殊《浣溪沙》(一曲新词酒一杯)

3.根据所给提示，说出一联古诗或一句古文。

提示字：**而**

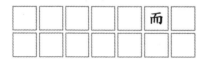

提示字：**之**

提示字：下

		下			而	
			之			

提示字：而

		下			而	
			之		而	

提示字：天

		下			而	
	天		之		而	

提示字：之

		下	之		而	
	天		之		而	

提示字：下

		下	之		而	
	天	下	之			而	

提示字：天

	天	下	之		而	
	天	下	之		而	

提示字：**后**

	天	下	之		而	
后	天	下	之		而	

提示字：**先**

先	天	下	之		而	
后	天	下	之		而	

提示字：**乐**

先	天	下	之		而	
后	天	下	之	乐	而	

提示字：**乐**

先	天	下	之		而	
后	天	下	之	乐	而	乐

提示字：**忧**

先	天	下	之		而	忧
后	天	下	之	乐	而	乐

提示字：**忧**

先	天	下	之	忧	而	忧
后	天	下	之	乐	而	乐

答案：先天下之忧而忧，后天下之乐而乐。——宋·范仲淹《岳阳楼记》

（二）选择题

1. "问世间，情为何物，直教生死相许"，请问赞颂的是哪种动物的感情？

A. 鸳鸯　　　　B. 大雁　　　　C. 蝴蝶

答案：**B**

> **嘉宾评点：**这道题蛮有意思的。很多人认为是鸳鸯。但有些学者非要去寻根究底，架起机器，跟踪鸳鸯，发现鸳鸯很花心，没那么忠诚。大雁非常忠诚，大雁的"家风"非常好。候鸟迁徙南飞，母大雁大概身体有点病，就降下去，结果公大雁带着它的孩子，一起下来，陪这只母大雁住了两三天以后再起飞，追随雁阵。（钱文忠）

> **金·元好问《摸鱼儿·雁丘词》**
>
> 问世间，情为何物，直教生死相许？
>
> 天南地北双飞客，老翅几回寒暑。
>
> 欢乐趣，离别苦，就中更有痴儿女。
>
> 君应有语：渺万里层云，千山暮雪，只影向谁去？
>
> 横汾路，寂寞当年箫鼓，荒烟依旧平楚。
>
> 招魂楚些何嗟及，山鬼暗啼风雨。

天也妒，未信与，莺儿燕子俱黄土。

千秋万古，为留待骚人，狂歌痛饮，来访雁丘处。

2. "离离原上草，一岁一枯荣" 中的 "离离" 是什么意思？

A. 疏离　　　　　B. 相接　　　　　C. 茂盛

答案：**C**

嘉宾评点： 这个 "离" 是有很多意思的，我们一般都用 "分离" "别离"，可是事实上 "离" 也有 "遭遇" 的意思，像《离骚》，就是遭遇到痛苦的事，甚至因为东西太多，眼睛看花了，叫 "眼离"。（张大春）

唐·白居易《赋得古原草送别》

离离原上草，一岁一枯荣。野火烧不尽，春风吹又生。远芳侵古道，晴翠接荒城。又送王孙去，萋萋满别情。

3. 下列人名中哪一个与《论语》中的词句无关?

A. 王思聪   B. 苏有朋   C. 李克勤

答案: **C**

> 　　嘉宾评点: 答案应该是C,"克勤" 出自《尚书·大禹谟》,原文是 "克勤于邦,克俭于家",所以它和《论语》或孔子本人的语言没有直接的关系。王思聪那个 "思聪" 出自《论语》: "君子有九思,视思明,听思聪。" (张大春)

(三) 主观题

1. 大年三十的饭桌上,全家人催你结婚,请用古诗文作出回应。

张馨宜答案: 山重水复疑无路,柳暗花明又一村。——宋·陆游《游山西村》

熊树星答案: 丈夫有泪不轻弹,只因未到伤心处。——明·李开先《宝剑记》

第三集

诗书中华

一、家有诗书

第一组家庭：王荣、黄雪润（母女）

天

不知天上宫阙，今夕是何年？——宋·苏轼《水调歌头》（明月几时有）

小

花褪残红青杏小，燕子飞时，绿水人家绕。——宋·苏轼《蝶恋花·春景》

白

白日依山尽，黄河入海流。——唐·王之涣《登鹳雀楼》

第二组家庭：罗阳、刘润泽（表兄弟）

江

野径云俱黑，江船火独明。——唐·杜甫《春夜喜雨》

爱

予独爱莲之出淤泥而不染，濯清涟而不妖。——宋·周敦颐

《爱莲说》

来

谈笑有鸿儒，往来无白丁。——唐·刘禹锡《陋室铭》

孔

南阳诸葛庐，西蜀子云亭。孔子云：何陋之有？——唐·刘禹锡《陋室铭》

牛

如今直上银河去，同到牵牛织女家。——唐·刘禹锡《浪淘沙》

二、君子之争

熊树星、熊子祥 **VS** 罗阳、刘润泽

（一）循字辨文题

1. 根据所给提示，说出一联古诗或一句古文。

提示字：**而**

	而													

提示字：**则**

	而										则	

提示字：而

| | 而 | | | | | | 而 | | | 则 | |

提示字：则

| | 而 | | | 则 | | | | 而 | | | 则 | |

提示字：不

| | 而 | | | 则 | | | | 而 | 不 | | 则 | |

提示字：不

| | 而 | 不 | | 则 | | | | 而 | 不 | | 则 | |

提示字：思

| | 而 | 不 | | 则 | | | 思 | 而 | 不 | | 则 | |

提示字：思

| | 而 | 不 | 思 | 则 | | | 思 | 而 | 不 | | 则 | |

提示字：学

| | 而 | 不 | 思 | 则 | | | 思 | 而 | 不 | 学 | 则 | |

提示字：学

| 学 | 而 | 不 | 思 | 则 | | | 思 | 而 | 不 | 学 | 则 | |

提示字：罔

| 学 | 而 | 不 | 思 | 则 | 罔 | | 思 | 而 | 不 | 学 | 则 | |

提示字：殆

| 学 | 而 | 不 | 思 | 则 | 罔 | | 思 | 而 | 不 | 学 | 则 | 殆 |

答案：学而不思则罔（wǎng），思而不学则殆（dài）。——《论语·为政》

2. 根据所给提示，说出一联古诗或一句古文。

提示字：下

| | | | | 下 | | | | | | |

提示字：见

| | | | | 下 | | | | 见 | | |

提示字：东

| | | 东 | | 下 | | | | 见 | | |

提示字：山

| | | 东 | | 下 | | | | 见 | | 山 |

提示字：采

| 采 | | 东 | | 下 | | | 见 | | 山 |

提示字：然

| 采 | | 东 | | 下 | | 然 | 见 | | 山 |

提示字：南

| 采 | | 东 | | 下 | | 然 | 见 | 南 | 山 |

提示字：菊

| 采 | 菊 | 东 | | 下 | | 然 | 见 | 南 | 山 |

提示字：悠

| 采 | 菊 | 东 | | 下 | 悠 | 然 | 见 | 南 | 山 |

提示字：篱

| 采 | 菊 | 东 | 篱 | 下 | 悠 | 然 | 见 | 南 | 山 |

答案：采菊东篱下，悠然见南山。——晋·陶渊明《饮酒》（其五）

3. 根据所给提示，说出一联古诗或一句古文。

提示字：日

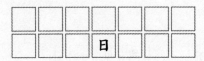

提示字：古

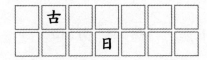

提示字：秋

提示字：春

提示字：秋

提示字：悲

	古		秋	悲		
		秋	日		春	

提示字：言

	古		秋	悲		
	言	秋	日		春	

提示字：自

自	古		秋	悲		
	言	秋	日		春	

提示字：寂

自	古		秋	悲	寂	
	言	秋	日		春	

提示字：逢

自	古	逢	秋	悲	寂	
	言	秋	日		春	

提示字：寥

自	古	逢	秋	悲	寂	寥
	言	秋	日		春	

提示字：**我**

自	古	逢	秋	悲	寂	寥
我	言	秋	日		春	

提示字：**胜**

自	古	逢	秋	悲	寂	寥
我	言	秋	日	胜	春	

提示字：**朝**

自	古	逢	秋	悲	寂	寥
我	言	秋	日	胜	春	朝

答案：自古逢秋悲寂寥，我言秋日胜春朝。——唐·刘禹锡《秋词》

（二）选择题

1."正是江南好风景，落花时节又逢君"中的"落花时节"是指什么季节？

A. 暮春　　　　　B. 盛夏　　　　　C. 深秋

答案：**A**

唐·杜甫《江南逢李龟年》

岐王宅里寻常见，崔九堂前几度闻。正是江南好风
景，落花时节又逢君。

2. 司马迁《报任少卿书》开头说"太史公牛马走"，这里的
"牛马走"是什么意思？

　　A. 做牛做马　　　　B. 官职的俗称　　　C. 自谦之词

答案：**C**

第三组家庭：陈赐莲、谷旭阳（母子）

河

黄河远上白云间，一片孤城万仞山。——唐·王之涣《凉州
词》（其一）

月

举头望明月，低头思故乡。——唐·李白《静夜思》

海

海上生明月，天涯共此时。——唐·张九龄《望月怀远》

一

一去二三里，烟村四五家。——宋·邵雍《山村咏怀》

千

千山鸟飞绝，万径人踪灭。——唐·柳宗元《江雪》

罗阳、刘润泽 _VS_ 陈赐莲、谷旭阳

（一）循字辨文题

1. 根据所给提示，说出一联古诗或一句古文。

　　提示字：**者**

	者						

　　提示字：**不**

	者				不		

提示字：**如**

| | 者 | 如 | | | 不 | | | |

提示字：**夜**

| | 者 | 如 | | | 不 | | | 夜 |

提示字：**夫**

| | 者 | 如 | | 夫 | 不 | | | 夜 |

提示字：**舍**

| | 者 | 如 | | 夫 | 不 | 舍 | | 夜 |

提示字：**斯**

| | 者 | 如 | 斯 | 夫 | 不 | 舍 | | 夜 |

提示字：**逝**

| 逝 | 者 | 如 | 斯 | 夫 | 不 | 舍 | | 夜 |

提示字：**昼**

| 逝 | 者 | 如 | 斯 | 夫 | 不 | 舍 | 昼 | 夜 |

答案：逝者如斯夫，不舍昼夜。——《论语·子罕》

2. 根据所给提示, 说出一联古诗或一句古文。

提示字: 天

| | | 天 | | | | | | | | |

提示字: 人

| | | 天 | | | | | | | 人 |

提示字: 月

| | | 天 | | | | | 月 | | 人 |

提示字: 江

| | | 天 | | | 江 | | 月 | | 人 |

提示字: 树

| | | 天 | | 树 | 江 | | 月 | | 人 |

提示字: 清

| | | 天 | | 树 | 江 | 清 | 月 | | 人 |

提示字: 野

| 野 | | 天 | | 树 | 江 | 清 | 月 | | 人 |

提示字：**低**

| 野 | | 天 | 低 | 树 | | 江 | 清 | 月 | | 人 |

提示字：**旷**

| 野 | 旷 | 天 | 低 | 树 | | 江 | 清 | 月 | | 人 |

提示字：**近**

| 野 | 旷 | 天 | 低 | 树 | | 江 | 清 | 月 | 近 | 人 |

答案：野旷天低树，江清月近人。——唐·孟浩然《宿建德江》

3. 根据所给提示，说出一联古诗或一句古文。

提示字：**无**

| | | | | | |
| | | 无 | | | |

提示字：**中**

| | | | 中 | | |
| | | 无 | | | |

提示字：**日**

| | | | 中 | | 日 |
| | | 无 | | | |

提示字: 告

				中		日
		无		告		

提示字: 北

		北		中		日
		无		告		

提示字: 师

	师	北		中		日
		无		告		

提示字: 家

	师	北		中		日
家		无		告		

提示字: 翁

	师	北		中		日
家		无		告		翁

提示字: 原

	师	北		中	原	日
家		无		告		翁

提示字：忘

	师	北		中	原	日
家		无	忘	告		翁

提示字：定

	师	北	定	中	原	日
家		无	忘	告		翁

提示字：王

王	师	北	定	中	原	日
家		无	忘	告		翁

提示字：祭

王	师	北	定	中	原	日
家	祭	无	忘	告		翁

提示字：乃

王	师	北	定	中	原	日
家	祭	无	忘	告	乃	翁

答案：王师北定中原日，家祭无忘告乃翁。——宋·陆游
《示儿》

（二）选择题

1.《五柳先生传》"好读书，不求甚解"中"不求甚解"是什么意思？

A. 形容用心不专，学习不深入。

B. 不放弃，寻根问底。

C. 只需领会要旨，不愿过分探究。

答案：**C**

> 嘉宾评点："好读书，不求甚解"，常常会被今天的人误用，就是我们了解个差不多的意思也就算了。此处的"求甚解"，一定说的是在一般寻常的事理推求之上，还要去找寻更抽象或者是更玄妙的答案。陶渊明不是那样的人，所以他寄身的"五柳先生"，就是一个不必要去过分追求雕虫的解释。（张大春）
>
> 他不求甚解，就像大春先生这样解释的，他只是不去钻牛角尖。但是他依然在思考这个问题。过了一段时间，突然贯通，欣然会意。所以他并不是说"我把它扔下"了。（钱文忠）

2."举杯邀明月，对影成三人"中的"三人"是指?

A.月亮、酒、诗人

B.月亮、酒、酒杯

C.月亮、诗人、诗人的影子

答案：**C**

唐·李白《月下独酌》（其一）

花间一壶酒，独酌无相亲。

举杯邀明月，对影成三人。

月既不解饮，影徒随我身。

暂伴月将影，行乐须及春。

我歌月徘徊，我舞影零乱。

醒时同交欢，醉后各分散。

永结无情游，相期邈云汉。

3.下列古诗文中的成语与今天的用法不一致的是?

A.《论语》中的"不耻下问"

B.《后赤壁赋》中的"水落石出"

C.《汉书》中的"实事求是"

答案：**B**

嘉宾评点："山高月小，水落石出"就是描述一个客观的景物，没有任何其他的意思。但是到了今天，我们常常说某一件事情原来疑云满天飞，可是终于有一天，真相暴露了，我们称之为"水落石出"。这是语言演进过程之中的一个轨迹。（张大春）

第三轮

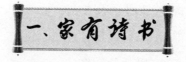

第四组家庭：俞旭、俞露（父女）

无

无边落木萧萧下，不尽长江滚滚来。——唐·杜甫《登高》

悠

采菊东篱下，悠然见南山。——晋·陶渊明《饮酒》（其五）

城

城阙辅三秦，风烟望五津。——唐·王勃《送杜少府之任蜀州》

84

若

两情若是久长时，又岂在朝朝暮暮。——宋·秦观《鹊桥仙》（纤云弄巧）

赤

人道是：三国周郎赤壁。乱石穿空，惊涛拍岸，卷起千堆雪。——宋·苏轼《念奴娇·赤壁怀古》

二、君子之争

罗阳、刘润泽 **VS** 俞旭、俞露

（一）循字辨文题

1.根据所给提示，说出一联古诗或一句古文。

提示字：**有**

				有			

提示字：**人**

	人			有			

提示字：**我**

	人			有	我		

提示字：**焉**

	人			有	我		焉

提示字：**行**

	人	行		有	我		焉

提示字：**必**

	人	行	必	有	我		焉

提示字：**三**

三	人	行	必	有	我		焉

提示字：**师**

三	人	行	必	有	我	师	焉

答案：三人行，必有我师焉。——《论语·述而》

2. 根据所给提示，说出一联古诗或一句古文。

提示字：**春**

					春			

提示字：**年**

						春		年

提示字：海

| 海 | | | | | | | 春 | | | 年 |

提示字：生

| 海 | | 生 | | | | | 春 | | | 年 |

提示字：入

| 海 | | 生 | | | | | 春 | 入 | | 年 |

提示字：夜

| 海 | | 生 | | 夜 | | | 春 | 入 | | 年 |

提示字：江

| 海 | | 生 | | 夜 | | 江 | 春 | 入 | | 年 |

提示字：残

| 海 | | 生 | 残 | 夜 | | 江 | 春 | 入 | | 年 |

提示字：旧

| 海 | | 生 | 残 | 夜 | | 江 | 春 | 入 | 旧 | 年 |

提示字：日

| 海 | 日 | 生 | 残 | 夜 | | 江 | 春 | 入 | 旧 | 年 |

答案：海日生残夜，江春入旧年。——唐·王湾《次北固山下》

3. 根据所给提示，说出一联古诗或一句古文。

提示字：**天**

提示字：**得**

提示字：**只**

提示字：**上**

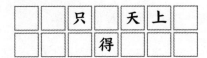

提示字：**几**

提示字：间

		只		天	上	
	间		得	几		

提示字：人

		只		天	上	
人	间		得	几		

提示字：回

		只		天	上	
人	间		得	几	回	

提示字：有

		只		天	上	有
人	间		得	几	回	

提示字：此

此		只		天	上	有
人	间		得	几	回	

提示字：闻

此		只		天	上	有
人	间		得	几	回	闻

提示字：应

此		只	应	天	上	有
人	间		得	几	回	闻

提示字：曲

此	曲	只	应	天	上	有
人	间		得	几	回	闻

提示字：能

此	曲	只	应	天	上	有
人	间	能	得	几	回	闻

答案：此曲只应天上有，人间能得几回闻？——唐·杜甫《赠花卿》

（二）选择题

1."求贤若渴"是中华传统文化对执政者的期待和要求，请问名句"盖有非常之功，必待非常之人"出自哪位皇帝的求贤诏？

A.汉高祖刘邦　　　B.汉武帝刘彻　　　C.蜀汉昭烈帝刘备

答案：**B**

2."借问酒家何处有？牧童遥指杏花村。"这首诗写的是什么节日？

    A. 清明   B. 寒食   C. 端午

答案：**A**

> **嘉宾评点：** 在农历冬至之后的第一百零五天，从早到晚不能举火，吃冷的，谓之寒食。寒食之后一到两天，就是清明了。（张大春）

> **唐·杜牧《清明》**
>
> 清明时节雨纷纷，路上行人欲断魂。借问酒家何处有？牧童遥指杏花村。

3. 以下诗文中，哪一句原本不是父亲写给儿子的？

    A. 纸上得来终觉浅，绝知此事要躬行。

    B. 非淡泊无以明志，非宁静无以致远。

    C. 知之为知之，不知为不知，是知也。

答案：**C**

第四集

诗书中华

一、家有诗书

第一组家庭：李洋阳、赵洁琼（夫妻）

关

关关雎鸠，在河之洲。——《诗经》

上

海上生明月，天涯共此时。——唐·张九龄《望月怀远》

大

大江东去，浪淘尽，千古风流人物。——宋·苏轼《念奴
娇·赤壁怀古》

晴

晴川历历汉阳树，芳草萋萋鹦鹉洲。——唐·崔颢《黄鹤楼》

咏

幸甚至哉，歌以咏志。——汉·曹操《步出夏门行·观沧海》

二、君子之争

俞旭、俞露 **VS** 李洋阳、赵洁琼

（一）循字辨文题

1.根据所给提示，说出一联古诗或一句古文。

提示字：**有**

						有			

提示字：**乐**

			乐			有			

提示字：**有**

	有		乐			有			

提示字：**里**

	有		乐			有		里	

提示字：**然**

	有		乐	然		有		里	

提示字：千

| | 有 | | 乐 | 然 | | 有 | 千 | 里 | |

提示字：后

| | 有 | | 乐 | 然 | 后 | 有 | 千 | 里 | |

提示字：伯

| | 有 | 伯 | 乐 | 然 | 后 | 有 | 千 | 里 | |

提示字：马

| | 有 | 伯 | 乐 | 然 | 后 | 有 | 千 | 里 | 马 |

提示字：世

| 世 | 有 | 伯 | 乐 | 然 | 后 | 有 | 千 | 里 | 马 |

答案：世有伯乐，然后有千里马。——唐·韩愈《杂说四·马说》

2. 根据所给提示，说出一联古诗或一句古文。

提示字：山

| | | | 山 | | | | | | | |

提示字：不

| | | | 山 | | | | 不 | | |

提示字：云

| | | | 山 | | | 云 | | 不 | | |

提示字：在

| | 在 | | 山 | | | 云 | | 不 | | |

提示字：中

| | 在 | | 山 | 中 | | 云 | | 不 | | |

提示字：知

| | 在 | | 山 | 中 | | 云 | | 不 | 知 | |

提示字：深

| | 在 | | 山 | 中 | | 云 | 深 | 不 | 知 | |

提示字：此

| | 在 | 此 | 山 | 中 | | 云 | 深 | 不 | 知 | |

提示字：只

| 只 | 在 | 此 | 山 | 中 | | 云 | 深 | 不 | 知 | |

提示字：**处**

| 只 | 在 | 此 | 山 | 中 | | 云 | 深 | 不 | 知 | 处 |

答案：只在此山中，云深不知处。——唐·贾岛《寻隐者不遇》

3. 根据所给提示，说出一联古诗或一句古文。

提示字：**不**

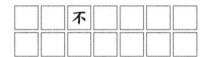

提示字：**江**

提示字：**花**

提示字：**国**

提示字：唱

		不			国	
	江		唱			花

提示字：知

		不	知		国	
	江		唱			花

提示字：后

		不	知		国	
	江		唱	后		花

提示字：亡

		不	知	亡	国	
	江		唱	后		花

提示字：隔

		不	知	亡	国	
隔	江		唱	后		花

提示字：恨

		不	知	亡	国	恨
隔	江		唱	后		花

提示字：**庭**

		不	知	亡	国	恨
隔	江		唱	后	庭	花

提示字：**女**

	女	不	知	亡	国	恨
隔	江		唱	后	庭	花

提示字：**商**

商	女	不	知	亡	国	恨
隔	江		唱	后	庭	花

提示字：**犹**

商	女	不	知	亡	国	恨
隔	江	犹	唱	后	庭	花

答案：商女不知亡国恨，隔江犹唱后庭花。——唐·杜牧《泊秦淮》

（二）选择题

1."几处早莺争暖树，谁家新燕啄春泥。"请问"早莺"是

指初春时早来的哪种鸟类？

    A. 黄鹂   B. 燕子   C. 布谷

答案：A

2. 余光中诗句"酒入豪肠，七分酿成月光，余下的三分啸成剑气，绣口一吐，就是半个盛唐"，形容的是哪位诗人？

    A. 李白   B. 苏轼   C. 岑参

答案：A

> **嘉宾评点：**这个"啸成剑气"的"啸"字，我觉得用得特别好。因为我们知道在中国中古魏晋时期，这些士大夫练一门独门功夫，就叫"啸"。它不是唱歌，文献记载中，这声音很洪亮，还不是一般响亮。这是一种专门技艺。（钱文忠）

3. "运筹帷幄之中，决胜千里之外"，形容一个人足智多谋，在军帐之内作出部署，能决定千里之外的胜负。那么这句话最早是用来形容谁的呢？

    A. 管仲   B. 张良   C. 诸葛亮

答案：B

一、家有诗书

第二组家庭：牟广辉、牟金川（父子）

高

风急天高猿啸哀，渚清沙白鸟飞回。——唐·杜甫《登高》

二

不知细叶谁裁出，二月春风似剪刀。——唐·贺知章《咏柳》

还

待到重阳日，还来就菊花。——唐·孟浩然《过故人庄》

者

前不见古人，后不见来者。——唐·陈子昂《登幽州台歌》

国

商女不知亡国恨，隔江犹唱后庭花。——唐·杜牧《泊秦淮》

家风亮点： 这位父亲今天随身带的小本，这个叫"课子诗钞"。父亲为了教育儿子，亲手抄下要孩子背诵

的诗文，这在我们传统家庭教育当中，是一个非常优秀
的传承。大春先生是著名的作家和书法家，我建议您
请大春先生在这儿写一下"课子诗钞"，做个纪念好不
好？（钱文忠）

二、君子之争

俞旭、俞露 *VS* 牟广辉、牟金川

（一）循字辨文题

1. 根据所给提示，说出一联古诗或一句古文。

提示字：**月**

	月								

提示字：**上**

	月						上	

提示字：**清**

	月			清			上	

提示字：间

| | 月 | | 间 | | 清 | | | 上 | |

提示字：流

| | 月 | | 间 | | 清 | | | 上 | 流 |

提示字：照

| | 月 | | 间 | 照 | 清 | | | 上 | 流 |

提示字：石

| | 月 | | 间 | 照 | 清 | | 石 | 上 | 流 |

提示字：松

| | 月 | 松 | 间 | 照 | 清 | | 石 | 上 | 流 |

提示字：泉

| | 月 | 松 | 间 | 照 | 清 | 泉 | 石 | 上 | 流 |

提示字：明

| 明 | 月 | 松 | 间 | 照 | 清 | 泉 | 石 | 上 | 流 |

答案：明月松间照，清泉石上流。——唐·王维《山居秋暝》

2. 根据所给提示，说出一联古诗或一句古文。

　　提示字：**一**

					一	

　　提示字：**水**

	水				**一**	

　　提示字：**飞**

						飞
	水				**一**	

　　提示字：**长**

						飞
	水		**长**		**一**	

　　提示字：**霞**

	霞					**飞**
	水		**长**		**一**	

提示字：**孤**

	霞		孤			飞
	水		长		一	

提示字：**天**

	霞		孤			飞
	水		长	天	一	

提示字：**齐**

	霞		孤		齐	飞
	水		长	天	一	

提示字：**共**

	霞		孤		齐	飞
	水	共	长	天	一	

提示字：**色**

	霞		孤		齐	飞
	水	共	长	天	一	色

提示字：**与**

	霞	与	孤		齐	飞
	水	共	长	天	一	色

提示字：落

落	霞	与	孤			齐	飞
		水	共	长	天	一	色

提示字：秋

落	霞	与	孤		齐	飞
秋	水	共	长	天	一	色

提示字：鹜

落	霞	与	孤	鹜	齐	飞
秋	水	共	长	天	一	色

答案：落霞与孤鹜齐飞，秋水共长天一色。——唐·王勃《滕王阁序》

3. 根据所给提示，说出一联古诗或一句古文。

提示字：空

			空		

提示字：尽

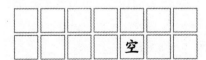

				尽	
			空		

提示字：莫

					尽	
莫				空		

提示字：生

	生				尽	
莫				空		

提示字：月

	生				尽	
莫				空		月

提示字：人

人	生				尽	
莫				空		月

提示字：金

人	生				尽	
莫		金		空		月

提示字：意

人	生		意		尽	
莫		金		空		月

提示字：欢

人	生		意		尽	欢
莫		金		空		月

提示字：对

人	生		意		尽	欢
莫		金		空	对	月

提示字：须

人	生		意	须	尽	欢
莫		金		空	对	月

提示字：使

人	生		意	须	尽	欢
莫	使	金		空	对	月

提示字：樽

人	生		意	须	尽	欢
莫	使	金	樽	空	对	月

提示字：得

| 人 | 生 | 得 | 意 | 须 | 尽 | 欢 |

| 莫 | 使 | 金 | 樽 | 空 | 对 | 月 |

答案：人生得意须尽欢，莫使金樽空对月。——唐·李白
《将进酒》

（二）选择题

1. 以下诗句中，哪一项与其他两项所描写的季节不同？

A. 窗含西岭千秋雪，门泊东吴万里船。

B. 碧玉妆成一树高，万条垂下绿丝绦。

C. 忽如一夜春风来，千树万树梨花开。

答案：C

2. 明代文学家吕坤在《呻吟语》中说"大事难事看担当，
逆境顺境看襟度"，那么"临喜临怒"看什么呢？

A. 涵养　　　　　B. 眼光　　　　　C. 心机

答案：A

3.《诗经》中"桃之夭夭，灼灼其华，之子于归，宜其室
家"描绘的是什么场景？

A. 女子出嫁　　　B. 长辈过寿　　　C. 喜得贵子

答案：A

（三）线索题

1. 请根据所给线索说出节日名。

（1）这是中国古代的节日。

（2）与祭祀、沐浴有关。

（3）杜甫笔下的这一天"长安水边多丽人"。

（4）王羲之笔下的这一天"群贤毕至，少长咸集"。

答案：**上巳节 / 农历三月三日**

一、家有诗书

第三组家庭：马春萌、韩笑（表姐妹）

火

日出江花红胜火，春来江水绿如蓝。——唐·白居易《忆江南》

爱

停车坐爱枫林晚，霜叶红于二月花。——唐·杜牧《山行》

晓

晓看红湿处，花重锦官城。——唐·杜甫《春夜喜雨》

嘉宾评点：人们说这个字写的是"看"，为什么要读平声呢？看（kān）和看（kàn）都是同一个意思的时候，这个字是平声还是仄声，就看在它格律上用在平声字位，还是去声字位。"晓看红湿处"的第四个字"湿"是一个入声字，它属于仄声，那么自然而然，我们判断它的第二个字，就跟它是相对的，必须是平声字，所以必须念"晓看（kān）红湿处"。

（张大春）

二、君子之争

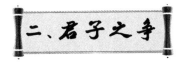

俞旭、俞露 **VS** 马春萌、韩笑

（一）循字辨文题

1. 根据所给提示，说出一联古诗或一句古文。

　　提示字：**多**

		多							

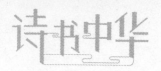

提示字：最

| | | 多 | | | | | 最 | | |

提示字：思

| | | 多 | | | | | 最 | | 思 |

提示字：君

| | 君 | 多 | | | | | 最 | | 思 |

提示字：此

| | 君 | 多 | | | 此 | | 最 | | 思 |

提示字：相

| | 君 | 多 | | | 此 | | 最 | 相 | 思 |

提示字：愿

| 愿 | 君 | 多 | | | 此 | | 最 | 相 | 思 |

提示字：采

| 愿 | 君 | 多 | 采 | | 此 | | 最 | 相 | 思 |

提示字：撷

| 愿 | 君 | 多 | 采 | 撷 | 此 | | 最 | 相 | 思 |

提示字: **物**

| 愿 | 君 | 多 | 采 | 撷 | | 此 | 物 | 最 | 相 | 思 |

答案: 愿君多采撷, 此物最相思。——唐·王维《相思》

2. 根据所给提示, 说出一联古诗或一句古文。

提示字: **水**

提示字: **能**

提示字: **多**

提示字: **江**

| | | 能 | | | 多 | |
| | | 江 | 水 | | | |

提示字：向

		能			多	
			江		水	向		

提示字：君

	君	能			多	
			江		水	向		

提示字：几

	君	能		几	多	
			江		水	向		

提示字：恰

	君	能		几	多	
恰			江		水	向		

提示字：一

	君	能		几	多	
恰		一	江		水	向		

提示字：愁

	君	能		几	多	愁
恰		一	江		水	向		

提示字：**春**

	君	能		几	多	愁
恰		一	江	春	水	向		

提示字：**有**

	君	能	有	几	多	愁
恰		一	江	春	水	向		

提示字：**东**

	君	能	有	几	多	愁
恰		一	江	春	水	向	东	

提示字：**似**

	君	能	有	几	多	愁
恰	似	一	江	春	水	向	东	

提示字：**流**

	君	能	有	几	多	愁
恰	似	一	江	春	水	向	东	流

提示字：**问**

问	君	能	有	几	多	愁
恰	似	一	江	春	水	向	东	流

答案：问君能有几多愁？恰似一江春水向东流。——五代·李煜《虞美人》（春花秋月何时了）

3. 根据所给提示，说出一联古诗或一句古文。

提示字：**亦**

						亦		

提示字：**乎**

						亦		**乎**

提示字：**而**

		而				**亦**		**乎**

提示字：**不**

		而			**不**	**亦**		**乎**

提示字：**不**

		而	**不**		**不**	**亦**		**乎**

提示字：**子**

		而	**不**		**不**	**亦**	**子**	**乎**

提示字：**不**

不		**而**	**不**		**不**	**亦**	**子**	**乎**

提示字：**君**

| | 不 | | 而 | 不 | | 不 | 亦 | 君 | 子 | 乎 |

提示字：**知**

| | 不 | 知 | 而 | 不 | | 不 | 亦 | 君 | 子 | 乎 |

提示字：**人**

| 人 | 不 | 知 | 而 | 不 | | 不 | 亦 | 君 | 子 | 乎 |

提示字：**愠**

| 人 | 不 | 知 | 而 | 不 | 愠 | 不 | 亦 | 君 | 子 | 乎 |

答案：人不知而不愠，不亦君子乎？——《论语·学而》

（二）选择题

1.唐朝孟郊《游子》诗写道："萱草生堂阶，游子行天涯。"请问"萱草"代表？

A.妻子　　　　　B.父亲　　　　　C.母亲

答案：**C**

> **唐·孟郊《游子》**
>
> 萱草生堂阶，游子行天涯。慈亲倚堂门，不见萱草花。

2. 以下哪句诗文与动物无关？

A. 望帝春心托杜鹃

B. 徘徊于斗牛之间

C. 曾貌先帝照夜白

答案：**B**

3. 以下哪句诗词与植物无关？

A. 国色天香人咏尽，丹心独抱更谁知。

B. 东风夜放花千树，更吹落，星如雨。

C. 江南无所有，聊赠一枝春。

答案：**B**

（三）线索题

1. 请根据所给线索说出一句诗。

（1）相传与书生邂逅美女的故事有关。

（2）诗歌写作的时间是春天。

（3）诗句中含有"桃花"。

（4）上句是"去年今日此门中"。

答案：**人面桃花相映红**

第四轮

一、家有诗书

第四组家庭：李丹凤、李龙凤（姐妹）

一

一封朝奏九重天，夕贬潮州路八千。——唐·韩愈《左迁至蓝关示侄孙湘》

亲

洛阳亲友如相问，一片冰心在玉壶。——唐·王昌龄《芙蓉楼送辛渐》

客

独在异乡为异客，每逢佳节倍思亲。——唐·王维《九月九日忆山东兄弟》

龙

但使龙城飞将在，不教胡马度阴山。——唐·王昌龄《出塞》

瑟

锦瑟无端五十弦，一弦一柱思华年。——唐·李商隐《锦瑟》

二、君子之争

李丹凤、李龙凤　**VS**　马春萌、韩笑

（一）循字辩文题

1.根据所给提示，说出一联古诗或一句古文。

提示字：**十**

							十		

提示字：**百**

		百						**十**		

提示字：**归**

		百						**十**		**归**

提示字：**军**

	军	**百**						**十**		**归**

提示字：**死**

	军	**百**		**死**				**十**		**归**

提示字：**年**

| | 军 | 百 | | 死 | | | 十 | 年 | 归 |

提示字：**将**

| 将 | 军 | 百 | | 死 | | | 十 | 年 | 归 |

提示字：**士**

| 将 | 军 | 百 | | 死 | | 士 | 十 | 年 | 归 |

提示字：**战**

| 将 | 军 | 百 | 战 | 死 | | 士 | 十 | 年 | 归 |

提示字：**壮**

| 将 | 军 | 百 | 战 | 死 | 壮 | 士 | 十 | 年 | 归 |

答案：将军百战死，壮士十年归。——北朝民歌《木兰辞》

2. 根据所给提示，说出一联古诗或一句古文。

提示字：**天**

| | | | | 天 | | |
| | | | | | | |

提示字：前

				天		
			前			

提示字：后

				天		
			前		后	

提示字：得

				天		
	得		前		后	

提示字：王

			王	天		
	得		前		后	

提示字：下

			王	天	下	
	得		前		后	

提示字：却

	却		王	天	下	
	得		前		后	

提示字：君

	却	君	王	天	下	
	得		前		后	

提示字：了

了	却	君	王	天	下	
	得		前		后	

提示字：事

了	却	君	王	天	下	事
	得		前		后	

提示字：名

了	却	君	王	天	下	事
	得		前		后	名

提示字：赢

了	却	君	王	天	下	事
赢	得		前		后	名

提示字：身

了	却	君	王	天	下	事
赢	得		前	身	后	名

提示字：**生**

了	却	君	王	天	下	事
赢	得	生	前	身	后	名

答案：了却君王天下事，赢得生前身后名。——宋·辛弃疾《破阵子·为陈同甫赋壮词以寄之》

3. 根据所给提示，说出一联古诗或一句古文。

提示字：**亦**

							亦		

提示字：**自**

		自					亦		

提示字：**方**

		自		方			亦		

提示字：**不**

		自		方		不	亦		

提示字：**乎**

		自		方		不	亦		乎

提示字：**乐**

| | | 自 | | 方 | | 不 | 亦 | 乐 | 乎 |

提示字：**远**

| | | 自 | 远 | 方 | | 不 | 亦 | 乐 | 乎 |

提示字：**朋**

| | 朋 | 自 | 远 | 方 | | 不 | 亦 | 乐 | 乎 |

提示字：**来**

| | 朋 | 自 | 远 | 方 | 来 | 不 | 亦 | 乐 | 乎 |

提示字：**有**

| 有 | 朋 | 自 | 远 | 方 | 来 | 不 | 亦 | 乐 | 乎 |

答案：有朋自远方来，不亦乐乎？——《论语·学而》

（二）选择题

1. 日常交往中，我们尊称对方的父亲为"令尊"，对方的母亲为"令堂"，那么"令坦"是指？

A. 对方的侄子   B. 对方的外甥   C. 对方的女婿

答案：**C**

　　嘉宾评点：这个典出于《世说新语》。这个"令坦"在今天实际上用得很少。因为如果今天我们称对方的女婿为"令坦"，就显得有点太拽了，有点做作了。一般称"令婿""贵婿"，就非常好了。（钱文忠）

　　2.《后汉书》说"贫贱之知不可忘，糟糠之妻不下堂"，后人多以"糟糠之妻"比喻共患难的妻子，请问"糟糠"具体指的是？

　　A. 茅草屋

　　B. 树皮、草根铺的床

　　C. 谷物的皮或渣

答案：**C**

　　嘉宾评点：这个"糟糠"，并不是说他的妻子地位低贱，而是说她即使像谷物的皮这样，也不能下堂，这个说法里有一个反衬的意思。（钱文忠）

　　3. 以下古文中，哪一句最接近"生命在于运动"？

　　A. 不积跬步，无以至千里。

B. 流水不腐，户枢不蠹。

C. 行百里者半九十。

答案：**B**

（三）线索题

1. 根据以下线索说出一联名句。

（1）作者自称汉中山靖王后裔，有"诗豪"之誉。

（2）毛泽东认为这句诗写出了"新陈代谢"的发展规律。

（3）反映了作者乐观豁达的精神。

（4）诗句中作者以"沉舟""病树"两个事物自比。

答案：**沉舟侧畔千帆过，病树前头万木春。**

第五集

诗书中华

一、家有诗书

第一组家庭：戴敏、徐钦梅（夫妻）

浮

山河破碎风飘絮，身世浮沉雨打萍。——宋·文天祥《过零丁洋》

洲

三山半落青天外，二水中分白鹭洲。——唐·李白《登金陵凤凰台》

> **嘉宾评点：** 这个带三点水的"洲"，跟不带三点水的"州"，有时在背诗或者是记诵的时候，会有一些混淆。比如"芳草萋萋鹦鹉洲"的"洲"就有三点水。带三点水的"洲"，就是水中之地，而一般没有三点水的"州"，就是特定的地名。（张大春）

第二组家庭：李荣、李泊廷（母子）

声

夜来风雨声，花落知多少。——唐·孟浩然《春晓》

自

君自故乡来，应知故乡事。——唐·王维《杂诗》（其二）

卷

卷地风来忽吹散，望湖楼下水如天。——宋·苏轼《六月二十七日望湖楼醉书》

怜

可怜九月初三夜，露似真珠月似弓。——唐·白居易《暮江吟》

盘

金樽清酒斗十千，玉盘珍羞直万钱。——唐·李白《行路难》

二、君子之争

李荣、李泊廷 *VS* 李丹凤、李龙凤

（一）循字辨文题

1.根据所给提示，说出一联古诗或一句古文。

提示字：**春**

						春			

提示字：**雨**

	雨					**春**			

提示字：**生**

	雨					**春**			**生**

提示字：**知**

	雨	**知**				**春**			**生**

提示字：**发**

	雨	**知**				**春**		**发**	**生**

提示字：好

| 好 | 雨 | 知 | | | | 春 | | 发 | 生 |

提示字：当

| 好 | 雨 | 知 | | | 当 | 春 | | 发 | 生 |

提示字：时

| 好 | 雨 | 知 | 时 | | 当 | 春 | | 发 | 生 |

提示字：节

| 好 | 雨 | 知 | 时 | 节 | 当 | 春 | | 发 | 生 |

提示字：乃

| 好 | 雨 | 知 | 时 | 节 | 当 | 春 | 乃 | 发 | 生 |

答案：好雨知时节，当春乃发生。——唐·杜甫《春夜喜雨》

2. 根据所给提示，说出一联古诗或一句古文。

提示字：月

| | | | 月 | | | | | | | | |

提示字：花

| | 花 | | 月 | | | | | | | | |

提示字：知

| | 花 | | 月 | | | | | | 知 | | |

提示字：往

| | 花 | | 月 | | | | 往 | | 知 | | |

提示字：了

| | 花 | | 月 | | 了 | 往 | | 知 | | |

提示字：多

| | 花 | | 月 | | 了 | 往 | | 知 | 多 | |

提示字：何

| | 花 | | 月 | 何 | | 了 | 往 | | 知 | 多 | |

提示字：事

| | 花 | | 月 | 何 | | 了 | 往 | 事 | 知 | 多 | |

提示字：少

| | 花 | | 月 | 何 | | 了 | 往 | 事 | 知 | 多 | 少 |

提示字：时

| | 花 | | 月 | 何 | 时 | 了 | 往 | 事 | 知 | 多 | 少 |

提示字：秋

| | 花 | 秋 | 月 | 何 | 时 | 了 | 往 | 事 | 知 | 多 | 少 |

提示字：春

| 春 | 花 | 秋 | 月 | 何 | 时 | 了 | 往 | 事 | 知 | 多 | 少 |

答案：春花秋月何时了？往事知多少。——五代·李煜《虞美人》（春花秋月何时了）

3. 根据所给提示，说出一联古诗或一句古文。

提示字：为

| | | | | | | | 为 | | |

提示字：而

| | | 而 | | | | | 为 | | |

提示字：以

| | | 而 | | | | 以 | 为 | | |

提示字：矣

| | | 而 | | | | 以 | 为 | | 矣 |

提示字：**知**

| | | 而 | 知 | | | 以 | 为 | | 矣 |

提示字：**师**

| | | 而 | 知 | | | 以 | 为 | 师 | 矣 |

提示字：**可**

| | | 而 | 知 | | 可 | 以 | 为 | 师 | 矣 |

提示字：**故**

| | 故 | 而 | 知 | | 可 | 以 | 为 | 师 | 矣 |

提示字：**新**

| | 故 | 而 | 知 | 新 | 可 | 以 | 为 | 师 | 矣 |

提示字：**温**

| 温 | 故 | 而 | 知 | 新 | 可 | 以 | 为 | 师 | 矣 |

答案：温故而知新，可以为师矣。——《论语·为政》

嘉宾评点：这十个字出自《论语·为政》，看似简单，其实有深意。这里特别重要的那个字就是第一个

"温"字，这是古人的读书法。比如我今天背下了一首诗，第二天我又背新的，但是同时我还要重新背一遍昨天我记得的这首诗，这个叫"温故"，叫"读新书，温旧书"。（钱文忠）

（二）选择题

1.曹植的《七步诗》用豆与豆萁比喻哪种关系？

A.父子关系　　　B.兄弟关系　　　C.朋友关系

答案：**B**

2.苏轼词中"明日黄花蝶也愁"，"明日黄花"后来成为一个成语，现在用来形容什么？

A.过时的人或事　　B.未来的人或事　　C.正当红的人或事

答案：**A**

嘉宾评点：明日黄花，因为明天才过时，因为它是正当红的。在俗语之中，现在常常会误用，说"昨日黄花"才对，因为它凋谢了。可是苏东坡的意思，是过了重阳之后，随时会凋谢，那么也就意味着，它是凋谢的状态。"明日黄花"还有一层意思，其实有一种比较深切的悲哀，就是你今天开得很好，明天你终将凋谢。（张大春）

一、家有诗书

第三组家庭：胡胜、胡婷（姐妹）

青

青青河畔草，绵绵思远道。——汉·乐府民歌《饮马长城窟行》

奈

无可奈何花落去，似曾相识燕归来。——宋·晏殊《浣溪沙》（一曲新词酒一杯）

渡

楼船夜雪瓜洲渡，铁马秋风大散关。——宋·陆游《书愤》（其一）

昼

薄雾浓云愁永昼，瑞脑销金兽。——宋·李清照《醉花阴》（薄雾浓云愁永昼）

尤

进不入以离尤兮，退将复修吾初服。——先秦·屈原《离骚》

二、君子之争

胡胜、胡婷 **VS** 李丹凤、李龙凤

（一）循字辨文题

1. 根据所给提示，说出一联古诗或一句古文。

提示字：**人**

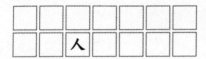

提示字：**少**

提示字：**下**

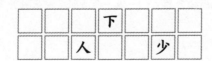

提示字：**名**

			下		名	
		人			少	

提示字：**七**

			下		名	
	七	人			少	

提示字：**年**

			下		名	
	七	人			少	年

提示字：**中**

			下		名	
	七	人	中		少	年

提示字：**处**

			下		名	处
	七	人	中		少	年

提示字：**恩**

	恩		下		名	处
	七	人	中		少	年

提示字：**十**

	恩		下		名	处
十	七	人	中		少	年

提示字：**题**

	恩		下	题	名	处
十	七	人	中		少	年

提示字：**塔**

	恩	塔	下	题	名	处
十	七	人	中		少	年

提示字：**最**

	恩	塔	下	题	名	处
十	七	人	中	最	少	年

提示字：**慈**

慈	恩	塔	下	题	名	处
十	七	人	中	最	少	年

答案：慈恩塔下题名处，十七人中最少年。——唐·白居易

诗句

2.根据所给提示，说出一联古诗或一句古文。

提示字：**花**

							花	

提示字：**入**

					入	花	

提示字：**回**

		回			入	花	

提示字：**尽**

	尽		回			入	花	

提示字：**处**

	尽		回		入	花		处

提示字：**舟**

	尽		回	舟	入	花		处

提示字：**藕**

| | 尽 | | 回 | 舟 | | 入 | 藕 | 花 | | 处 |

提示字：**深**

| | 尽 | | 回 | 舟 | | 入 | 藕 | 花 | 深 | 处 |

提示字：**晚**

| | 尽 | 晚 | 回 | 舟 | | 入 | 藕 | 花 | 深 | 处 |

提示字：**兴**

| 兴 | 尽 | 晚 | 回 | 舟 | | 入 | 藕 | 花 | 深 | 处 |

提示字：**误**

| 兴 | 尽 | 晚 | 回 | 舟 | 误 | 入 | 藕 | 花 | 深 | 处 |

答案：兴尽晚回舟，误入藕花深处。——宋·李清照《如梦令》

> **嘉宾评点：**"藕花"是什么东西？荷花。那为什么要写成藕花呢？这个就比较妙了。藕花不完全等同于莲花，结藕的那个叫藕花，不结藕的叫莲花，可以排除睡莲。（钱文忠）

3. 根据所给提示，说出一联古诗或一句古文。

提示字：**不**

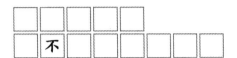

提示字：**也**

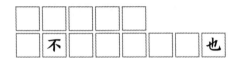

提示字：**焉**

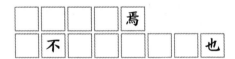

提示字：**自**

提示字：**见**

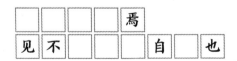

提示字：齐

提示字：内

提示字：见

提示字：贤

提示字：思

提示字：省

提示字：**而**

见		思	齐	焉			
见	不	贤	而	内	自	省	也

提示字：**贤**

见	贤	思	齐	焉			
见	不	贤	而	内	自	省	也

答案：见贤思齐焉，见不贤而内自省（xǐng）也。——《论语·里仁》

（二）选择题

1. 袁枚《黄生借书说》"汗牛塞屋，富贵家之书"中的"汗牛"形容的是什么？

A. 形容房子大

B. 形容藏书多

C. 形容书价贵

答案：**B**

2. "卒相与欢，为刎颈之交"中"刎颈之交"是指以下哪两个人？

A. 廉颇　蔺相如　　B. 俞伯牙　钟子期　　C. 楚霸王　虞姬

答案：**A**

一、家有诗书

第三组家庭：丁冠云、丁才祐（姐弟）

嘉宾评点： 我现在在上海，想到故乡就是台北，可是在台北，想到上海的朋友，尤其是"诗书中华"这个节目结交的朋友，就觉得我们还有一个共同的跟诗书有关的故乡，主要不是景色，是那个长远的、历史的以及共同生活的某些联系，我们就称那个东西为"文化"了。（张大春）

其实我想倒可以改一句古诗，特别能够反映生活在台湾的人看到月亮的心情："两岸同明月，千里共婵娟。"（钱文忠）

去

去年今日此门中，人面桃花相映红。——唐·崔护《题都城南庄》

乘

我欲乘风归去，又恐琼楼玉宇，高处不胜寒。——宋·苏轼《水调歌头》(明月几时有)

身

身无彩凤双飞翼，心有灵犀一点通。——唐·李商隐《无题》

同

同是天涯沦落人，相逢何必曾相识。——唐·白居易《琵琶行》

非

是非成败转头空。青山依旧在，几度夕阳红。——明·杨慎《临江仙》

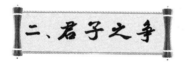

二、君子之争

丁冠云、丁才祐 **VS** 李丹凤、李龙凤

（一）循字辨文题

1.根据所给提示，说出一联古诗或一句古文。

提示字：**为**

| | | | | | | | **为** | | |

诗书中华

提示字：作

| | | 作 | | | | | | 为 | | |

提示字：亦

| | | 作 | | | | | 亦 | 为 | | |

提示字：当

| | 当 | 作 | | | | | 亦 | 为 | | |

提示字：人

| | 当 | 作 | 人 | | | | 亦 | 为 | | |

提示字：生

| 生 | 当 | 作 | 人 | | | | 亦 | 为 | | |

提示字：鬼

| 生 | 当 | 作 | 人 | | | | 亦 | 为 | 鬼 | |

提示字：死

| 生 | 当 | 作 | 人 | | | 死 | 亦 | 为 | 鬼 | |

提示字：雄

| 生 | 当 | 作 | 人 | | | 死 | 亦 | 为 | 鬼 | 雄 |

提示字：**杰**

| 生 | 当 | 作 | 人 | 杰 | | 死 | 亦 | 为 | 鬼 | 雄 |

答案：生当作人杰，死亦为鬼雄。——宋·李清照《夏日绝句》

2.根据所给提示，说出一联古诗或一句古文。

提示字：**风**

| | | | | | 风 | | | | | | | |

提示字：**与**

| | | | | | 风 | | | | 与 | | | |

提示字：**千**

| | | | 千 | | 风 | | | | 与 | | | |

提示字：**人**

| | | | 千 | | 风 | | | | 与 | | 人 | |

提示字：**情**

| | | | 千 | | 风 | 情 | | | 与 | | 人 | |

提示字：**纵**

| | 纵 | | 千 | | 风 | 情 | | 与 | | 人 | |

提示字：**何**

| | 纵 | | 千 | | 风 | 情 | | 与 | 何 | 人 | |

提示字：**便**

| 便 | 纵 | | 千 | | 风 | 情 | | 与 | 何 | 人 | |

提示字：**种**

| 便 | 纵 | | 千 | 种 | 风 | 情 | | 与 | 何 | 人 | |

提示字：**更**

| 便 | 纵 | | 千 | 种 | 风 | 情 | 更 | 与 | 何 | 人 | |

提示字：**有**

| 便 | 纵 | 有 | 千 | 种 | 风 | 情 | 更 | 与 | 何 | 人 | |

提示字：**说**

| 便 | 纵 | 有 | 千 | 种 | 风 | 情 | 更 | 与 | 何 | 人 | 说 |

答案：便纵有千种风情，更与何人说？——宋·柳永《雨霖铃》（寒蝉凄切）

3. 根据所给提示，说出一联古诗或一句古文。

提示字：之

☐☐☐☐☐☐　☐☐☐之☐

提示字：不

☐☐☐☐☐☐　不☐☐之☐

提示字：之

☐☐☐☐之☐　不☐☐之☐

提示字：人

☐☐☐☐之☐　不☐人之☐

提示字：人

☐☐☐人之☐　不☐人之☐

提示字：子

☐子☐人之☐　不☐人之☐

提示字：成

☐子☐人之☐　不成人之☐

提示字：恶

| □ | 子 | □ | 人 | 之 | □ | | 不 | 成 | 人 | 之 | 恶 |

提示字：成

| □ | 子 | 成 | 人 | 之 | □ | | 不 | 成 | 人 | 之 | 恶 |

提示字：君

| 君 | 子 | 成 | 人 | 之 | □ | | 不 | 成 | 人 | 之 | 恶 |

提示字：美

| 君 | 子 | 成 | 人 | 之 | 美 | | 不 | 成 | 人 | 之 | 恶 |

答案：君子成人之美，不成人之恶。——《论语·颜渊》

（二）选择题

1. 以下哪句诗可以表达高考上榜后的喜悦心情？

A. 不畏浮云遮望眼，自缘身在最高层。

B. 春风得意马蹄疾，一日看尽长安花。

C. 了却君王天下事，赢得生前身后名。

答案：**B**

唐·孟郊《登科后》

昔日龌龊不足夸，今朝放荡思无涯。春风得意马蹄疾，一日看尽长安花。

2.下列成语与"琴棋书画"无关的一项是?

A. 当局者迷　　　　B. 高山流水　　　　C. 韦编三绝

答案：**C**

3.下面哪一句话不是孔子说的?

A. 三思而后行　　　B. 父母在，不远游　C. 言必信，行必果，硁硁然小人哉

答案：**A**

嘉宾评点："三思而后行"这个典故来自比孔夫子早出生的季文子。那个时候正好鲁国在准备废除原先的井田制，实施所谓的耕者有其田而缴税的方式，季文子是非常谨慎地想一遍，再想一遍，要如此，要如彼，就是参详谋略，顾虑很多。孔夫子应该是在一百多年以后，讨论到这件事情的时候，提出另外一种看法。只是时代不同，面对的时局不同，不需要被自己的这种念头或者是纠结困扰。大概是这个意思。（张大春）

（三）线索题

1. 请根据所给线索说出文章名。

（1）它被历代书法家无数次书写。

（2）它是中国古代著名的启蒙读物。

（3）相传周兴嗣为创作它"一夜白头"。

（4）它由一千个不重复的汉字组成。

答案：《千字文》

第六集

诗书中华

一、家有诗书

家风亮点：我们曾经引用过杜甫的一句诗，叫"诗是吾家事"。在这里，我想改一个字，叫"诗是家家事"。真的，我们希望中国的好诗好文能够进入我们每一个人的家庭，进入我们每一个人的生活。（骆新）

第一组家庭：贺东华、梁荃（婆媳）

问

借问酒家何处有？牧童遥指杏花村。——唐·杜牧《清明》

紫

日照香炉生紫烟，遥看瀑布挂前川。——唐·李白《望庐山瀑布》

衣

衣带渐宽终不悔，为伊消得人憔悴。——宋·柳永《蝶恋花》

农

莫笑农家腊酒浑，丰年留客足鸡豚。——宋·陆游《游山西村》

幽

曲径通幽处，禅房花木深。——唐·常建《题破山寺后禅院》

家风亮点：婆婆、媳妇。

二、君子之争

贺东华、梁荃 **VS** 丁冠云、丁才祐

（一）循字辨文题

1. 根据所给提示，说出一联古诗或一句古文。

提示字：**无**

				无	

提示字：**一**

		一			
				无	

提示字: **色**

		一				
				无		色

提示字: **生**

		一				生
				无		色

提示字: **百**

		一		百		生
				无		色

提示字: **宫**

		一		百		生
	宫			无		色

提示字: **笑**

		一	笑	百		生
	宫			无		色

提示字: **回**

回		一	笑	百		生
	宫			无		色

提示字：六

回		一	笑	百		生
六	宫			无		色

提示字：粉

回		一	笑	百		生
六	宫	粉		无		色

提示字：颜

回		一	笑	百		生
六	宫	粉		无	颜	色

提示字：黛

回		一	笑	百		生
六	宫	粉	黛	无	颜	色

提示字：媚

回		一	笑	百	媚	生
六	宫	粉	黛	无	颜	色

提示字：眸

回	眸	一	笑	百	媚	生
六	宫	粉	黛	无	颜	色

答案：回眸一笑百媚生，六宫粉黛无颜色。——唐·白居易《长恨歌》

嘉宾评点："六宫粉黛"的"粉黛"两个字，严格说起来不是一般人可以使用的。也就是说，它特别是指宫娥、宫女、后妃等角色。"粉"一般就是脂粉了，"黛"应该是指画眉毛的眉青，所以黛这个颜色，就是接近青到黑的颜色。本来这话出自《后汉书·陈蕃传》。陈蕃给汉桓帝上书，认为他六宫的佳丽实在太多了，几千人，所以说他应该裁减这些宫人。（张大春）

2.根据所给提示，说出一联古诗或一句古文。

提示字：花

	花					

提示字：一

	花					
			一			

提示字：里

	花		里			
				一		

提示字：取

	花		里			
	取			一		

提示字：说

	花		里	说		
	取			一		

提示字：声

	花		里	说		
	取		声	一		

提示字：年

	花		里	说		年
	取		声	一		

提示字：香

	花	香	里	说		年

提示字：**片**

提示字：**稻**

稻	花	香	里	说		年
	取		声	一	片	

提示字：**听**

稻	花	香	里	说		年
听	取		声	一	片	

提示字：**丰**

稻	花	香	里	说	丰	年
听	取		声	一	片	

提示字：**蛙**

答案：稻花香里说丰年，听取蛙声一片。——宋·辛弃疾《西

江月·夜行黄沙道中》

3. 根据所给提示，说出一联古诗或一句古文。

提示字：**不**

								不		

提示字：**而**

					而			不		

提示字：**有**

			有	而			不		

提示字：**乐**

				有	而		乐	不		

提示字：**有**

			有	而		乐	不		有

提示字：**里**

	里			有	而		乐	不		有

提示字：伯

| | 里 | | | 有 | | 而 | 伯 | 乐 | 不 | | 有 |

提示字：常

| | 里 | | | 有 | | 而 | 伯 | 乐 | 不 | 常 | 有 |

提示字：马

| | 里 | 马 | | 有 | | 而 | 伯 | 乐 | 不 | 常 | 有 |

提示字：千

| 千 | 里 | 马 | | 有 | | 而 | 伯 | 乐 | 不 | 常 | 有 |

提示字：常

| 千 | 里 | 马 | 常 | 有 | | 而 | 伯 | 乐 | 不 | 常 | 有 |

答案：千里马常有，而伯乐不常有。——唐·韩愈《杂说四·马说》

（二）选择题

1. 成语"相濡以沫"出自《庄子》，它描写的对象是？

A. 鱼　　　　　　B. 蝉　　　　　　C. 鸟

答案：**A**

嘉宾评点：两个人就算彼此不认识，彼此不打招呼，可是也能够栩栩然自是，表示人和人之间构成的社会有一个互相维持生计的功能。就庄子的生命观而言，人只要能活着，作为一个非常低的标准，他可能就能够产生无穷的快乐。（张大春）

2. 下面哪个典故与古代母亲教育孩子无关？

A. 孟母三迁　　　　B. 欧氏画荻　　　　C. 囊萤映雪

答案：**C**

家风亮点：每当讲到教育的时候，都说母亲非常重要。"孟母三迁"，母亲是孩子的第一个老师，她教给你人生观，给你带来家教，给你带来教养，所以这是传统教育的精义。所以母恩重如山，要孝顺母亲，我们中国的传统就是如此。（钱文忠）

3. 辛弃疾词"千金纵买相如赋，脉（mò）脉（mò）此情谁诉"，相传花费千金向司马相如买赋的人是谁？

A. 陈阿娇　　　　B. 吕后　　　　C. 卓文君

答案：**A**

（三）线索题

1.请根据所给的线索说出一个建筑名。

（1）江南三大名楼之一。

（2）李白曾登上此楼写过诗。

（3）杜甫曾在此感叹"乾坤日夜浮"。

（4）范仲淹为此写过"先天下之忧而忧，后天下之乐而乐"。

答案：岳阳楼

第二组家庭：吴文英、齐妙（母女）

向

何事长向别时圆？人有悲欢离合，月有阴晴圆缺，此事古
难全。但愿人长久，千里共婵娟。——宋·苏轼《水调歌头》(明
月几时有）

苏

姑苏城外寒山寺，夜半钟声到客船。——唐·张继《枫桥
夜泊》

浑

莫笑农家腊酒浑，丰年留客足鸡豚。——宋·陆游《游山西村》

直

飞流直下三千尺，疑是银河落九天。——唐·李白《望庐山瀑布》

扇

羽扇纶巾，谈笑间，樯橹灰飞烟灭。——宋·苏轼《念奴娇·赤壁怀古》

二、君子之争

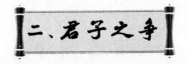

吴文英、齐妙 **VS** 丁冠云、丁才祐

（一）循字辨文题

1.根据所给提示，说出一联古诗或一句古文。

提示字：**不**

					不				

提示字：**江**

					不		江	

提示字：**今**

| | 今 | | | | | 不 | | | 江 | |

提示字：**东**

| | 今 | | | | | 不 | | | 江 | 东 |

提示字：**至**

| 至 | 今 | | | | | 不 | | | 江 | 东 |

提示字：**过**

| 至 | 今 | | | | | 不 | | 过 | 江 | 东 |

提示字：**思**

| 至 | 今 | 思 | | | | 不 | | 过 | 江 | 东 |

提示字：**肯**

| 至 | 今 | 思 | | | | 不 | 肯 | 过 | 江 | 东 |

提示字：**项**

| 至 | 今 | 思 | 项 | | | 不 | 肯 | 过 | 江 | 东 |

提示字：**羽**

| 至 | 今 | 思 | 项 | 羽 | | 不 | 肯 | 过 | 江 | 东 |

答案：至今思项羽，不肯过江东。——宋·李清照《夏日绝句》

嘉宾评点：江东父老，这都是我们古人常用的，那么我们一般认为，中国的江河都是东西流向的，比如长江是东西向。但其实不全是，长江在安徽的安庆、芜湖到江苏南京段，它的走向是西南往东北，所以江东这个位置就很清楚了，就是指这样的西南往东北的东边，大致相当于今天的江南这一片。（钱文忠）

2. 根据所给提示，说出一联古诗或一句古文。

提示字：**花**

			花							

提示字：**水**

	水		花							

提示字：**去**

	水		花		去					

提示字：**上**

	水		花		去			上		

提示字：间

| | 水 | | 花 | | 去 | | | | 上 | | 间 |

提示字：落

| | 水 | 落 | 花 | | 去 | | | | 上 | | 间 |

提示字：人

| | 水 | 落 | 花 | | 去 | | | | 上 | 人 | 间 |

提示字：也

| | 水 | 落 | 花 | | 去 | 也 | | | 上 | 人 | 间 |

提示字：天

| | 水 | 落 | 花 | | 去 | 也 | 天 | 上 | 人 | 间 |

提示字：春

| | 水 | 落 | 花 | 春 | 去 | 也 | 天 | 上 | 人 | 间 |

提示字：流

| 流 | 水 | 落 | 花 | 春 | 去 | 也 | 天 | 上 | 人 | 间 |

答案：流水落花春去也，天上人间。——五代·李煜《浪淘沙》（帘外雨潺潺）

诗书中华

3. 根据所给提示，说出一联古诗或一句古文。

提示字：**有**

| | | | | | | | 有 | | |

提示字：**后**

| | | | 后 | | | 有 | | |

提示字：**专**

| | | | 后 | | | 有 | 专 | |

提示字：**业**

| | | | 后 | | 业 | 有 | 专 | |

提示字：**先**

| | | 先 | 后 | | 业 | 有 | 专 | |

提示字：**有**

| | 有 | 先 | 后 | | 业 | 有 | 专 | |

提示字：**术**

| | 有 | 先 | 后 | 术 | 业 | 有 | 专 | |

提示字：**道**

	道	有	先	后		术	业	有	专	

提示字：**攻**

	道	有	先	后		术	业	有	专	攻

提示字：**闻**

闻	道	有	先	后		术	业	有	专	攻

答案：闻道有先后，术业有专攻。——唐·韩愈《师说》

　　　　嘉宾评点：这两句话来自韩愈的《师说》。韩文公他之所以能"文起八代之衰"，是有道理的。他是极其讲究地写文章，这一篇就是。"闻道有先后"是从先后讲的，等于是直着讲的。后一句"术业有专攻"是横着讲的。古人写文章的方法有好多值得我们今人好好去揣摩的。（钱文忠）

（二）选择题

　　1. 唐代长孙佐辅的《相和歌辞·宫怨》中："窗前好树名

（　　），去年花落今年开。"

A. 玫瑰　　　　　B. 茶花　　　　　C. 桂花

答案：**A**

2. 以下哪句古诗文不可以用来形容"持之以恒"？

A. 驽马十驾，功在不舍。

B. 有白头如新，倾盖如故。

C. 临池学书，池水尽黑。

答案：**B**

　　嘉宾评点： "白头如新，倾盖如故"是两个相对的词语，指的就是有些人你跟他相处了很长时间，不见得彼此能够理解，或者不见得能够会心。"倾盖"是把车停下来，"倾"是倾倒的意思，或者是收束的意思，"盖"就是车的那个伞盖。"倾盖如故"虽然只是一停车的时间，但是两个人却能够交心，能够会意。但是"驽马十驾"也好，"临池学书"也好，它都有一个持续的、跟时间在搏斗的意象，比起"白头如新，倾盖如故"来讲，那的确是切题的。（张大春）

3. 杜甫诗《石壕吏》中有这样的描写："老翁逾墙走，老妇出门看……听妇前致词：三男邺城戍。一男附书至，二男新战死。……室中更无人，惟有乳下孙。有孙母未去，出入无完裙。"请问原诗中"老妇"家至少还有几人幸存？

A. 4 人   B. 5 人   C. 6 人

答案：**B**

> **唐·杜甫《石壕吏》**
>
> 暮投石壕村，有吏夜捉人。老翁逾墙走，老妇出门看。吏呼一何怒，妇啼一何苦。听妇前致词：三男邺城戍。一男附书至，二男新战死。存者且偷生，死者长已矣。室中更无人，惟有乳下孙。有孙母未去，出入无完裙。老妪力虽衰，请从吏夜归。急应河阳役，犹得备晨炊。夜久语声绝，如闻泣幽咽。天明登前途，独与老翁别。

第三轮

一、家有诗书

第三组家庭：夏含章、杨沁（姑嫂）

发

多情应笑我，早生华发。——宋·苏轼《念奴娇·赤壁怀古》

> **嘉宾评点：** 读"华（huá）发"。有一些注本喜欢故作惊人之论，说头发花白了，所以就变成了"华（huā）发"。其实"华（huá）发"就是花白头发。（张大春）

忽

忽如一夜春风来，千树万树梨花开。——唐·岑参《白雪歌送武判官归京》

当

会当凌绝顶，一览众山小。——唐·杜甫《望岳》

夫

一夫当关，万夫莫开。——唐·李白《蜀道难》

帝

朝辞白帝彩云间，千里江陵一日还。——唐·李白《早发白帝城》

最是一年春好处，绝胜烟柳满皇都。——唐·韩愈《早春呈水部张十八员外》

第四组家庭：王天博、王泽南（夫妻）

欢

人生得意须尽欢，莫使金樽空对月。——唐·李白《将进酒》

脉

依依脉脉两如何，细似轻丝渺似波。——唐·吴融《情》

笑

仰天大笑出门去，我辈岂是蓬蒿人。——唐·李白《南陵别儿童入京》

菜

儿童急走追黄蝶，飞入菜花无处寻。——宋·杨万里《宿新市徐公店》

藤

枯藤老树昏鸦，小桥流水人家。——元·马致远《天净沙·秋思》

二、君子之争

王天博、王泽南 **VS** 夏含章、杨沁

（一）循字辨文题

1. 根据所给提示，说出一联古诗或一句古文。

提示字：**到**

	到								

提示字：**来**

	到					来			

提示字：**日**

	到		日		来			

提示字：**花**

	到		日		来		花

提示字：**就**

	到		日		来	就	花

提示字：阳

| | 到 | | 阳 | 日 | | 来 | 就 | | 花 |

提示字：还

| | 到 | | 阳 | 日 | 还 | 来 | 就 | | 花 |

提示字：待

| 待 | 到 | | 阳 | 日 | 还 | 来 | 就 | | 花 |

提示字：菊

| 待 | 到 | | 阳 | 日 | 还 | 来 | 就 | 菊 | 花 |

提示字：重

| 待 | 到 | 重 | 阳 | 日 | 还 | 来 | 就 | 菊 | 花 |

答案：待到重阳日，还来就菊花。——唐·孟浩然《过故人庄》

2. 根据所给提示，说出一联古诗或一句古文。

提示字：月

| | | | | | | |
| | | | | 月 | | |

诗书中华

提示字：**楼**

	楼					
						月		

提示字：**夜**

	楼		夜			
						月		

提示字：**不**

	楼		夜			
		不				月		

提示字：**回**

	楼		夜			
		不		回		月		

提示字：**东**

	楼		夜		东	
		不		回		月		

提示字：**明**

	楼		夜		东	
		不		回		月	明	

提示字：**风**

	楼		夜		东	风

		不		回		月	明	

提示字：**国**

	楼		夜		东	风

	国	不		回		月	明	

提示字：**首**

	楼		夜		东	风

	国	不		回	首	月	明	

提示字：**昨**

	楼	昨	夜		东	风

	国	不		回	首	月	明	

提示字：**中**

	楼	昨	夜		东	风

	国	不		回	首	月	明	中

提示字：**堪**

	楼	昨	夜		东	风

	国	不	堪	回	首	月	明	中

提示字：又

	楼	昨	夜	又	东	风
	国	不	堪	回	首	月	明	中

提示字：故

	楼	昨	夜	又	东	风
故	国	不	堪	回	首	月	明	中

提示字：小

答案：小楼昨夜又东风，故国不堪回首月明中。——五代·李煜《虞美人》（春花秋月何时了）

嘉宾评点： 李煜是南唐的亡国之君，公元975年，南唐国灭，他就被俘，被抓到汴梁去了，汴京在今天河南开封。东风是从东面吹来的，他觉得是从故乡吹来的风。能够结合历史背景来读这首词，往往可以理解得比较准确一些。（钱文忠）

3. 根据所给提示，说出一联古诗或一句古文。

提示字：**于**

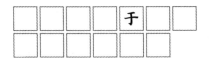

提示字：**于**

提示字：**也**

提示字：**知**

提示字：**而**

提示字：**然**

然		知		于		
而		于			也	

提示字：**后**

然	后	知		于		
而		于			也	

提示字：**乐**

然	后	知		于		
而		于		乐	也	

提示字：**忧**

然	后	知		于	忧	
而		于		乐	也	

提示字：**安**

然	后	知		于	忧	
而		于	安	乐	也	

提示字：**患**

然	后	知		于	忧	患

| 而 | | 于 | 安 | 乐 | 也 |

提示字：**生**

| 然 | 后 | 知 | 生 | 于 | 忧 | 患 |
| 而 | | 于 | 安 | 乐 | 也 |

提示字：**死**

| 然 | 后 | 知 | 生 | 于 | 忧 | 患 |
| 而 | 死 | 于 | 安 | 乐 | 也 |

答案：然后知生于忧患，而死于安乐也。——《孟子·告子下》

（二）选择题

1. 成语"夜郎自大"出自《史记》，请问"夜郎"是什么？

A. 人名　　　　　B. 地名　　　　　C. 昆虫名

答案：**B**

2. 王勃"落霞与孤鹜齐飞"中的"鹜"是指哪一种动物？

A. 海鸥　　　　　B. 白鹭　　　　　C. 野鸭

答案：**C**

第七集

诗书中华

一、家有诗书

第一组家庭：潘兴源、杨庚旭（舅甥）

在

独在异乡为异客，每逢佳节倍思亲。——唐·王维《九月九日忆山东兄弟》

年

不知天上宫阙，今夕是何年？——宋·苏轼《水调歌头》（明月几时有）

遥

日照香炉生紫烟，遥看瀑布挂前川。——唐·李白《望庐山瀑布》

第二组家庭：吕苪、李星星（姨甥）

丽

迟日江山丽，春风花草香。——唐·杜甫《绝句》

木

无边落木萧萧下，不尽长江滚滚来。——唐·杜甫《登高》

正

正是江南好风景，落花时节又逢君。——唐·杜甫《江南逢李龟年》

许

从今若许闲乘月，拄杖无时夜叩门。——宋·陆游《游山西村》

渔

月落乌啼霜满天，江枫渔火对愁眠。——唐·张继《枫桥夜泊》

二、君子之争

吕芑、李星星 **VS** 王天博、王泽南

（一）循字辨文题

1. 根据所给提示，说出一联古诗或一句古文。

提示字：**月**

					月					

提示字：共

| | | | | 月 | | | 共 | | |

提示字：上

| | 上 | | | 月 | | | 共 | | |

提示字：天

| | 上 | | | 月 | 天 | | 共 | | |

提示字：海

| 海 | 上 | | | 月 | 天 | | 共 | | |

提示字：时

| 海 | 上 | | | 月 | 天 | | 共 | | 时 |

提示字：生

| 海 | 上 | 生 | | 月 | 天 | | 共 | | 时 |

提示字：此

| 海 | 上 | 生 | | 月 | 天 | | 共 | 此 | 时 |

提示字：明

| 海 | 上 | 生 | 明 | 月 | 天 | | 共 | 此 | 时 |

提示字：涯

| 海 | 上 | 生 | 明 | 月 | | 天 | 涯 | 共 | 此 | 时 |

答案：海上生明月，天涯共此时。——唐·张九龄《望月怀远》

2.根据所给提示，说出一联古诗或一句古文。

提示字：**山**

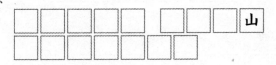

提示字：**容**

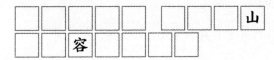

提示字：**自**

提示字：**见**

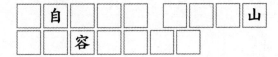

提示字：凭

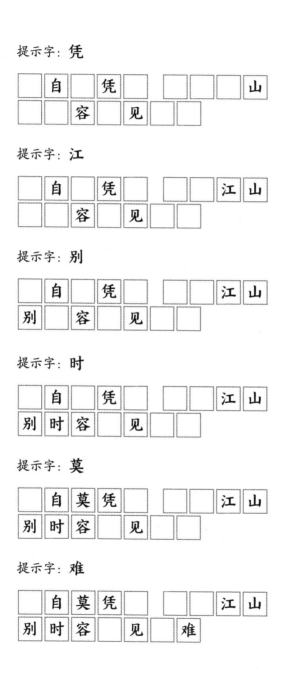

	自		凭				山
		容		见			

提示字：江

	自		凭			江	山
		容		见			

提示字：别

	自		凭			江	山
别		容		见			

提示字：时

	自		凭			江	山
别	时	容		见			

提示字：莫

	自	莫	凭			江	山
别	时	容		见			

提示字：难

	自	莫	凭			江	山
别	时	容		见		难	

提示字：限

□ 自 莫 凭 □　□ 限 江 山
别 时 容 □ 见 □ 难

提示字：栏

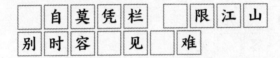

□ 自 莫 凭 栏　□ 限 江 山
别 时 容 □ 见 □ 难

提示字：易

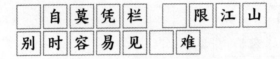

□ 自 莫 凭 栏　□ 限 江 山
别 时 容 易 见 □ 难

提示字：无

□ 自 莫 凭 栏　无 限 江 山
别 时 容 易 见 □ 难

提示字：时

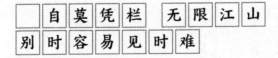

□ 自 莫 凭 栏　无 限 江 山
别 时 容 易 见 时 难

提示字：独

独 自 莫 凭 栏　无 限 江 山
别 时 容 易 见 时 难

答案：独自莫凭栏，无限江山，别时容易见时难。——五代·李煜《浪淘沙》(帘外雨潺潺)

3. 根据所给提示，说出一联古诗或一句古文。

提示字：**而**

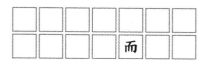

提示字：**其**

提示字：**兮**

提示字：**下**

提示字：**将**

提示字：远

			其		远	兮
	将		下	而		

提示字：索

			其		远	兮
	将		下	而		索

提示字：漫

		漫	其		远	兮
	将		下	而		索

提示字：吾

		漫	其		远	兮
吾	将		下	而		索

提示字：上

		漫	其		远	兮
吾	将	上	下	而		索

提示字：修

		漫	其	修	远	兮
吾	将	上	下	而		索

提示字：求

		漫	其	修	远	兮
吾	将	上	下	而	求	索

提示字：路

路		漫	其	修	远	兮
吾	将	上	下	而	求	索

提示字：漫

路	漫	漫	其	修	远	兮
吾	将	上	下	而	求	索

答案：路漫漫其修远兮，吾将上下而求索。——先秦·屈原
《离骚》

（二）选择题

1.《论语》"学而优则仕"，"优"的原意是什么？

A. 成绩优秀　　　B. 超过他人　　　C. 有多余的精力

答案：**C**

嘉宾评点： "优"是丰饶的意思，我们今天讲优等
是超过甲等，或者优等超过一等，好像感觉"优"是最

好的，可是事实上它是比别人更多一点余力的意思。
（张大春）

　　这句话是子夏说的，前半句还有呢，"仕而优则学"。如果你想到前半句，你就会犹豫一下，"仕而优"，从政那里有什么？一般不说成绩优秀嘛，一般是从政有余力，很轻松地处理政务，我再去研究学问。（钱文忠）

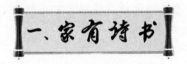

第三组家庭：王乾元、李秋阳（表兄弟）

但

但使龙城飞将在，不教胡马度阴山。——唐·王昌龄《出塞》（其一）

新

千门万户曈曈日，总把新桃换旧符。——宋·王安石《元日》

宅

岐王宅里寻常见，崔九堂前几度闻。——唐·杜甫《江南逢李龟年》

燕

旧时王谢堂前燕，飞入寻常百姓家。——唐·刘禹锡《乌衣巷》

弓

将军角弓不得控，都护铁衣冷难着。——唐·岑参《白雪歌送武判官归京》

二、君子之争

1. 根据所给提示，说出一联古诗或一句古文。

提示字：**大**

							大		

提示字：**野**

		野					大	

提示字：**平**

		平	野					大	

提示字：**江**

| | | 平 | 野 | | 江 | | 大 | | |

提示字：**荒**

| | | 平 | 野 | | 江 | | 大 | 荒 | |

提示字：**尽**

| | | 平 | 野 | 尽 | 江 | | 大 | 荒 | |

提示字：**入**

| | | 平 | 野 | 尽 | 江 | 入 | 大 | 荒 | |

提示字：**流**

| | | 平 | 野 | 尽 | 江 | 入 | 大 | 荒 | 流 |

提示字：**山**

| 山 | | 平 | 野 | 尽 | 江 | 入 | 大 | 荒 | 流 |

提示字：**随**

| 山 | 随 | 平 | 野 | 尽 | 江 | 入 | 大 | 荒 | 流 |

答案：山随平野尽，江入大荒流。——唐·李白《渡荆门送别》

2. 根据所给提示，说出一联古诗或一句古文。

提示字：否

| | | | | | | | | | | | 否 |

提示字：问

| | | 问 | | | | | | | | | 否 |

提示字：矣

| | | 问 | | | | 矣 | | | | 否 |

提示字：尚

| | | 问 | | | | 矣 | 尚 | | | 否 |

提示字：老

| | | 问 | | | 老 | 矣 | 尚 | | | 否 |

提示字：谁

| | 谁 | 问 | | | 老 | 矣 | 尚 | | | 否 |

提示字：饭

| | 谁 | 问 | | | 老 | 矣 | 尚 | | 饭 | 否 |

提示字：颇

| | 谁 | 问 | | 颇 | 老 | 矣 | 尚 | | 饭 | 否 |

提示字：廉

| | 谁 | 问 | 廉 | 颇 | 老 | 矣 | 尚 | | 饭 | 否 |

提示字：能

| | 谁 | 问 | 廉 | 颇 | 老 | 矣 | 尚 | 能 | 饭 | 否 |

提示字：凭

| 凭 | 谁 | 问 | 廉 | 颇 | 老 | 矣 | 尚 | 能 | 饭 | 否 |

答案：凭谁问，廉颇老矣，尚能饭否？——宋·辛弃疾《永遇乐·京口北固亭怀古》

3. 根据所给提示，说出一联古诗或一句古文。

提示字：不

| | | | | | | | 不 | | | |

提示字：人

| | | | | | | | 不 | | 人 | |

提示字：不

| | | 不 | | | | | | 不 | | 人 | |

提示字：如

| | | 不 | | | | | | 不 | 如 | 人 | |

提示字：如

| | | 不 | 如 | | | | | 不 | 如 | 人 | |

提示字：天

| 天 | | 不 | 如 | | | | | 不 | 如 | 人 | |

提示字：和

| 天 | | 不 | 如 | | | | | 不 | 如 | 人 | 和 |

提示字：利

| 天 | | 不 | 如 | | | | 利 | 不 | 如 | 人 | 和 |

提示字：时

| 天 | 时 | 不 | 如 | | | | 利 | 不 | 如 | 人 | 和 |

提示字：利

| 天 | 时 | 不 | 如 | | 利 | | 利 | 不 | 如 | 人 | 和 |

提示字：**地**

| 天 | 时 | 不 | 如 | 地 | 利 | | 利 | 不 | 如 | 人 | 和 |

提示字：**地**

| 天 | 时 | 不 | 如 | 地 | 利 | 地 | 利 | 不 | 如 | 人 | 和 |

答案：天时不如地利，地利不如人和。——《孟子·公孙丑下》

（二）选择题

1.孔子主张用什么态度去对待伤害自己的人？

A. 以德报怨　　　B. 以直报怨　　　C. 以怨报怨

答案：**B**

　　嘉宾评点：一般"直"跟"德"这两个字，在字源上的关系是非常接近的。但是你也可以说，这"直"是"内德于己"，等于是对自己要诚恳，那就是"直"。外德于人，也就是说"修己不怒"还可以，可是修到我对人还要更好，这是两个层次。所以我们先把"直"跟"德"的同质性理解了，然后再把内跟外有所区别，就知道孔夫子他的教训是什么了。（张大春）

2.《西厢记》说："望穿他盈盈秋水，蹙损他淡淡春山"，"春山"指的是？

A. 头发　　　　B. 眼睛　　　　C. 眉毛

答案：C

3.《左传》中"一问三不知"说的是哪"三不知"？

A. 事情的时间、地点、人物

B. 是什么、为什么、怎么办

C. 事情的开始、经过、结果

答案：C

嘉宾评点： 这是出自《左传》。晋国要伐郑，郑国向齐国求救，这中间还有一个从郑国投靠的人，叫荀瑶。荀瑶就提供了情报说，晋国有千辆军车要派来攻打齐国。齐国主帅就说，它来多少我都可以打，我们自己有自己的战略，可是你提供的这个讯息不详尽，也不说明事情的开始，也不说明事情的发展，也不说明这情报到最后的结果，也就是前中后段都不说明白，一问三不知。当然，我们今天说"一问三不知"是什么都不知道的意思。（张大春）

（三）线索题

1. 请根据以下线索说出一首诗名。

（1）诗名与一首琵琶曲名相同。

（2）闻一多誉其为"诗中的诗，顶峰上的顶峰"。

（3）王闿运称赞其"孤篇横绝"。

（4）诗名中包含五种事物。

答案：《春江花月夜》

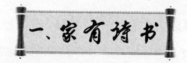

第四组家庭：宋代莉、杜佳祝（表姐妹）

旧

一曲新词酒一杯，去年天气旧亭台。——宋·晏殊《浣溪沙》
（一曲新词酒一杯）

露

小荷才露尖尖角，早有蜻蜓立上头。——宋·杨万里《小池》

阳

劝君更尽一杯酒，西出阳关无故人。——唐·王维《送元二

使安西》

绿

春风又绿江南岸，明月何时照我还？——宋·王安石《泊船
瓜洲》

期

君问归期未有期，巴山夜雨涨秋池。——唐·李商隐《夜雨
寄北》

二、君子之争

宋代莉、杜佳祝 VS 王天博、王泽南

（一）循字辨文题

1.根据所给提示，说出一联古诗或一句古文。

提示字：**日**

				日	

提示字：**白**

		白			
				日	

提示字: 云

		白			云	
					日	

提示字: 江

		白			云	
		江			日	

提示字: 一

		白			云	
		江		一	日	

提示字: 千

		白			云	
千		江		一	日	

提示字: 朝

朝		白			云	
千		江		一	日	

提示字: 还

朝		白			云	
千		江		一	日	还

提示字：**帝**

朝		白	帝		云	
千		江		一	日	还

提示字：**里**

朝		白	帝		云	
千	里	江		一	日	还

提示字：**彩**

朝		白	帝	彩	云	
千	里	江		一	日	还

提示字：**陵**

朝		白	帝	彩	云	
千	里	江	陵	一	日	还

提示字：**间**

朝		白	帝	彩	云	间
千	里	江	陵	一	日	还

提示字：**辞**

朝	辞	白	帝	彩	云	间
千	里	江	陵	一	日	还

答案：朝辞白帝彩云间，千里江陵一日还。——唐·李白《早

发白帝城》

2.根据所给提示，说出一联古诗或一句古文。

提示字：**在**

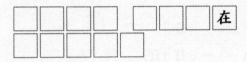

提示字：**回**

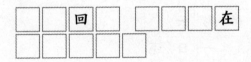

提示字：**那**

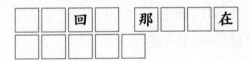

提示字：**处**

提示字：**火**

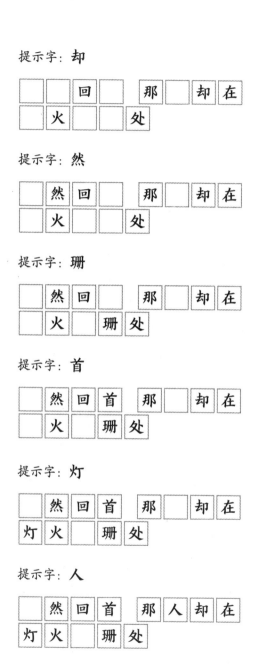

提示字: 却

| □ | □ | 回 | □ | | 那 | □ | 却 | 在 |
| □ | 火 | □ | □ | 处 | | | | |

提示字: 然

| □ | 然 | 回 | □ | | 那 | □ | 却 | 在 |
| □ | 火 | □ | □ | 处 | | | | |

提示字: 珊

| □ | 然 | 回 | □ | | 那 | □ | 却 | 在 |
| □ | 火 | □ | 珊 | 处 | | | | |

提示字: 首

| □ | 然 | 回 | 首 | 那 | □ | 却 | 在 |
| □ | 火 | □ | 珊 | 处 | | | |

提示字: 灯

| □ | 然 | 回 | 首 | 那 | □ | 却 | 在 |
| 灯 | 火 | □ | 珊 | 处 | | | |

提示字: 人

| □ | 然 | 回 | 首 | 那 | 人 | 却 | 在 |
| 灯 | 火 | □ | 珊 | 处 | | | |

诗书中华

提示字：阑

| | 然 | 回 | 首 | | 那 | 人 | 却 | 在 |

| 灯 | 火 | 阑 | 珊 | 处 |

提示字：蓦

答案：蓦然回首，那人却在，灯火阑珊处。——宋·辛弃疾
《青玉案·元夕》

嘉宾评点：灯火阑珊，现在很多人会用错，比如有些报纸上经常可以看到这样的句子："今夜华灯初上，灯火阑珊。"这完全用错了。"灯火阑珊"不是灯光明亮，而是灯光渐暗，所以"阑珊"这个词是这么用的。比如说我"意兴阑珊"，是说我觉得没什么劲儿，不是说我劲儿特别大、兴趣特别大。这个意思不能弄反了。（钱文忠）

3.根据所给提示，说出一联古诗或一句古文。

提示字：之

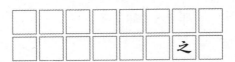

提示字：**不**

			不			之	

提示字：**好**

					好		
			不			之	

提示字：**者**

	者			好		
		不			之	

提示字：**之**

	者			好		
之		不			之	

提示字：**之**

之	者			好		
之		不			之	

提示字：**之**

之	者			好	之	
之		不			之	

提示字：**者**

	之	者			好	之	
	之		不			之	者

提示字：**不**

	之	者	不		好	之	
	之		不			之	者

提示字：**者**

	之	者	不		好	之	
	之	者	不			之	者

提示字：**者**

	之	者	不		好	之	者
	之	者	不			之	者

提示字：**乐**

	之	者	不		好	之	者
	之	者	不		乐	之	者

提示字：**如**

	之	者	不	如	好	之	者
	之	者	不		乐	之	者

提示字: **知**

知	之	者	不	如	好	之	者
	之	者	不		乐	之	者

提示字: **好**

知	之	者	不	如	好	之	者
好	之	者	不		乐	之	者

提示字: **如**

知	之	者	不	如	好	之	者
好	之	者	不	如	乐	之	者

答案: 知之者不如好之者，好之者不如乐之者。——《论语·雍也》

（二）选择题

1.《史记》中描写一位人物"少时好读书，学击剑，故其亲名之曰犬子"，请问这个名叫"犬子"的人是谁?

A. 司马相如　　　B. 刘邦　　　　　C. 卫青

答案：**A**

2. 古代形容女子肌肤白皙无瑕的诗句是?

A. 冰雪截肌肤，风飘无止期。

B. 手如柔荑，肤如凝脂。

C. 肌肤冰雪薰沉水，百草千花莫比芳。

答案：**B**

3. 苏轼在《留侯论》中分析刘邦之所以胜，项羽之所以败的原因在于？

　　A. 项羽不能决断，而刘邦能决断。

　　B. 项羽不能忍，而刘邦能忍。

　　C. 项羽不能谋，而刘邦能谋。

答案：**B**

4.《红楼梦》以"咏絮才"称赞林黛玉的才华，"咏絮"最早说的是？

　　A. 李清照

　　B. 谢道韫

　　C. 卓文君

答案：**B**

第八集

诗书中华

一、家有诗书

第一组家庭：李泽桑、李泽梓（双胞胎兄弟）

路

客路青山外，行舟绿水前。——唐·王湾《次北固山下》

近

天街小雨润如酥，草色遥看近却无。——唐·韩愈《早春呈水部张十八员外》

蓬

蓬头稚子学垂纶，侧坐莓苔草映身。——唐·胡令能《小儿垂钓》

度

羌笛何须怨杨柳，春风不度玉门关。——唐·王之涣《凉州词》

壁

入门依旧四壁空，老妻睹我颜色同。——唐·杜甫《百忧集行》

第二组家庭：孟辉、孟千寻（父子）

王
旧时王谢堂前燕，飞入寻常百姓家。——唐·刘禹锡《乌衣巷》

书
烽火连三月，家书抵万金。——唐·杜甫《春望》

语
不敢高声语，恐惊天上人。——唐·李白《夜宿山寺》

荒
远芳侵古道，晴翠接荒城。——唐·白居易《赋得古原草送别》

苔
应怜屐齿印苍苔，小扣柴扉久不开。——宋·叶绍翁《游园不值》

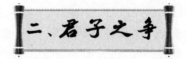

二、君子之争

李泽桑、李泽梓　**VS**　孟辉、孟千寻

（一）循字辨文题

1.根据所给提示，说出一联古诗或一句古文。

提示字：**上**

						上			

提示字：层

| | | | | | | 上 | | 层 | |

提示字：穷

| | 穷 | | | | | 上 | | 层 | |

提示字：目

| | 穷 | | | 目 | | 上 | | 层 | |

提示字：楼

| | 穷 | | | 目 | | 上 | | 层 | 楼 |

提示字：千

| | 穷 | 千 | | 目 | | 上 | | 层 | 楼 |

提示字：更

| | 穷 | 千 | | 目 | 更 | 上 | | 层 | 楼 |

提示字：欲

| 欲 | 穷 | 千 | | 目 | 更 | 上 | | 层 | 楼 |

提示字：一

| 欲 | 穷 | 千 | | 目 | 更 | 上 | 一 | 层 | 楼 |

提示字：里

| 欲 | 穷 | 千 | 里 | 目 | | 更 | 上 | 一 | 层 | 楼 |

答案：欲穷千里目，更上一层楼。——唐·王之涣《登鹳雀楼》

2. 根据所给提示，说出一联古诗或一句古文。

提示字：问

| | 问 | | | | | | | | | |

提示字：人

| | 问 | | 人 | | | | | | | |

提示字：旧

| | 问 | | 人 | | | | | | 旧 |

提示字：道

| | 问 | | 人 | | 道 | | | | 旧 |

提示字：海

| | 问 | | 人 | | 道 | 海 | | | 旧 |

提示字：帘

| | 问 | | 帘 | 人 | | 道 | 海 | | | 旧 |

提示字：**依**

	问		帘	人		道	海		依	旧

提示字：**却**

	问		帘	人	却	道	海		依	旧

提示字：**棠**

	问		帘	人	却	道	海	棠	依	旧

提示字：**卷**

	问	卷	帘	人	却	道	海	棠	依	旧

提示字：**试**

试	问	卷	帘	人	却	道	海	棠	依	旧

答案：试问卷帘人，却道海棠依旧。——宋·李清照《如梦令》

3. 根据所给提示，说出一联古诗或一句古文。

提示字：**之**

					之

提示字：之

						之
						之

提示字：而

						之
				而		之

提示字：而

			而		之
			而		之

提示字：善

		善		而		之
				而		之

提示字：不

		善		而		之
	不			而		之

提示字：善

		善		而		之
	不	善		而		之

提示字：改

		善		而		之
	不	善		而	改	之

提示字：从

		善		而	从	之
	不	善		而	改	之

提示字：择

择		善		而	从	之
	不	善		而	改	之

提示字：其

择		善		而	从	之
其	不	善		而	改	之

提示字：其

择	其	善		而	从	之
其	不	善		而	改	之

提示字：者

择	其	善	者	而	从	之
其	不	善		而	改	之

提示字：**者**

答案：择其善者而从之，其不善者而改之。——《论语·述而》

（二）选择题

1. 成语"目无三尺"中的"三尺"指的是？

A. 讲台　　　　B. 神明　　　　C. 法律

答案：**C**

嘉宾评点： 这个出典非常老，因为在纸张和绢大量使用以前，古代的书是写在竹简上的。不同内容的文字，用的竹简的长度是有规定的。而写法律条文的这个竹简，按照规定就是三尺长，这是相当长的，所以就用"三尺"来指代法律。（钱文忠）

2. 《西游记》中猪八戒的法号是？

A. 天蓬元帅　　　B. 净坛使者　　　C. 悟能

答案：**C**

3.陶渊明《饮酒》"采菊东篱下，悠然见南山"中的"南山"指的是哪座山？

A.终南山　　　　　B.庐山　　　　　C.泰山

答案：**B**

一、家有诗书

第三组家庭：贾晓鑫、宋悦（姑嫂）

别

别有幽愁暗恨生，此时无声胜有声。——唐·白居易《琵琶行》

相

相见时难别亦难，东风无力百花残。——唐·李商隐《无题》

母

慈母手中线，游子身上衣。——唐·孟郊《游子吟》

齐

落霞与孤鹜齐飞，秋水共长天一色。——唐·王勃《滕王

阁序》

镜

　　君不见，高堂明镜悲白发，朝如青丝暮成雪。——唐·李白
《将进酒》

贾晓鑫、宋悦　*VS*　李泽桑、李泽梓

（一）循字辨文题

1. 根据所给提示，说出一联古诗或一句古文。

　　　提示字：**月**

				月					

　　　提示字：**万**

				月				万	

　　　提示字：**火**

	火			月				万	

提示字：书

	火			月		书		万	

提示字：三

	火		三	月		书		万	

提示字：金

	火		三	月		书		万	金

提示字：连

	火	连	三	月		书		万	金

提示字：家

	火	连	三	月	家	书		万	金

提示字：烽

烽	火	连	三	月	家	书		万	金

提示字：抵

烽	火	连	三	月	家	书	抵	万	金

答案：烽火连三月，家书抵万金。——唐·杜甫《春望》

2.根据所给提示，说出一联古诗或一句古文。

提示字：花

				花		

提示字：相

				花		
	相					

提示字：来

			花		
	相			来	

提示字：可

	可		花	
	相			来

提示字：去

	可		花	去
	相			来

提示字：何

	可		何	花		去
		相				来

提示字：曾

	可		何	花		去
	曾	相				来

提示字：似

	可		何	花		去
似	曾	相				来

提示字：识

	可		何	花		去
似	曾	相	识			来

提示字：无

无	可		何	花		去
似	曾	相	识			来

提示字：归

无	可		何	花		去
似	曾	相	识		归	来

提示字：落

无	可		何	花	落	去
似	曾	相	识		归	来

提示字：燕

无	可		何	花	落	去
似	曾	相	识	燕	归	来

提示字：奈

无	可	奈	何	花	落	去
似	曾	相	识	燕	归	来

答案：无可奈何花落去，似曾相识燕归来。——宋·晏殊《浣溪沙》（一曲新词酒一杯）

3. 根据所给提示，说出一联古诗或一句古文。

提示字：无

		无			

提示字：无

			无			
			无			

提示字：非

			无			
非			无			

提示字：非

非			无			
非			无			

提示字：以

非			无	以		
非			无			

提示字：以

非			无	以		
非			无	以		

提示字：宁

非			无	以		
非	宁		无	以		

提示字：泊

非		泊	无	以		
非	宁		无	以		

提示字：**静**

非		泊	无	以		
非	宁	静	无	以		

提示字：**淡**

非	淡	泊	无	以		
非	宁	静	无	以		

提示字：**致**

非	淡	泊	无	以		
非	宁	静	无	以	致	

提示字：**志**

非	淡	泊	无	以		志
非	宁	静	无	以	致	

提示字：**明**

非	淡	泊	无	以	明	志
非	宁	静	无	以	致	

提示字：**远**

非	淡	泊	无	以	明	志
非	宁	静	无	以	致	远

答案：非淡泊无以明志，非宁静无以致远。——三国蜀·诸

葛亮《诫子书》

（二）选择题

1. 辛弃疾《破阵子》有"马作的卢飞快"，相传"的卢"马是谁的坐骑？

A. 项羽　　　　　B. 刘备　　　　　C. 郭子仪

答案：**B**

嘉宾评点： 项羽骑的是乌骓马，这个不光是看电影，传统戏曲里也都有。这个乌骓的解释一般就是浑身乌黑油亮，但四个蹄子是白的，所以叫踏云乌骓。"的卢"的"卢"通颅骨的"颅"、头颅的"颅"，"的卢"就是额头上有白点，"的"是白点的意思。（钱文忠）

2. 杜甫"白日放歌须纵酒，青春作伴好还乡"，请问"青春"是指什么？

A. 青年　　　　　B. 美好时光　　　　　C. 春天

答案：**C**

嘉宾评点： 李白过世那一年，也就是公元762年，战局算是稳定了。那么到了第二年，也就是公元763

年，杜甫已经五十几岁了。但是"青春"这两个字，在此处所指的不是"青年"，也不是什么"美好时光"，的确是在春天。所以这是老杜在中晚年以后少有的很欢快的一首诗。（张大春）

唐·杜甫《闻官军收河南河北》

剑外忽传收蓟北，初闻涕泪满衣裳。却看妻子愁何在，漫卷诗书喜欲狂。白日放歌须纵酒，青春作伴好还乡。即从巴峡穿巫峡，便下襄阳向洛阳。

第四组家庭：陈帅先、陈梦果（堂兄妹）

泉

间关莺语花底滑，幽咽泉流冰下难。——唐·白居易《琵

琶行》

观

东临碣石，以观沧海。——汉·曹操《步出夏门行·观沧海》

我

仰天大笑出门去，我辈岂是蓬蒿人。——唐·李白《南陵别儿童入京》

飘

花自飘零水自流，一种相思，两处闲愁。——宋·李清照《一剪梅》

翠

两个黄鹂鸣翠柳，一行白鹭上青天。——唐·杜甫《绝句》

二、君子之争

陈帅先、陈梦果 **VS** 贾晓鑫、宋悦

（一）循字辨文题

1.根据所给提示，说出一联古诗或一句古文。

提示字：日

									日	

提示字：河

						河		日	

提示字：**大**

大						河		日	

提示字：**孤**

大		孤				河		日	

提示字：**长**

大		孤			长	河		日	

提示字：**直**

大		孤		直	长	河		日	

提示字：**圆**

大		孤		直	长	河		日	圆

提示字：**漠**

大	漠	孤		直	长	河		日	圆

提示字：**落**

大	漠	孤		直	长	河	落	日	圆

提示字：烟

| 大 | 漠 | 孤 | 烟 | 直 | | 长 | 河 | 落 | 日 | 圆 |

答案：大漠孤烟直，长河落日圆。——唐·王维《使至塞上》

2. 根据所给提示，说出一联古诗或一句古文。

提示字：一

提示字：两

提示字：自

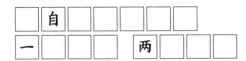

提示字：自

提示字：愁

提示字：零

提示字：花

提示字：相

提示字：处

提示字：流

提示字：**思**

提示字：**水**

提示字：**种**

提示字：**飘**

提示字：**闲**

答案：花自飘零水自流，一种相思，两处闲愁。——宋·李清照《一剪梅》

3. 根据所给提示，说出一联古诗或一句古文。

提示字：之

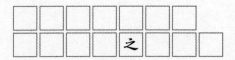

提示字：不

提示字：日

提示字：矣

提示字：也

提示字：而

			日	而		矣	
不				之			也

提示字：如

			日	而		矣	
不	如			之			也

提示字：学

			日	而		矣	
不	如			之		学	也

提示字：思

			日	而	思	矣	
不	如			之		学	也

提示字：所

			日	而	思	矣	
不	如			之	所	学	也

提示字：吾

吾			日	而	思	矣	
不	如			之	所	学	也

提示字：终

吾		终	日	而	思	矣
不	如			之	所	学	也

提示字：须

吾		终	日	而	思	矣
不	如	须		之	所	学	也

提示字：尝

吾	尝	终	日	而	思	矣
不	如	须		之	所	学	也

提示字：臾

吾	尝	终	日	而	思	矣
不	如	须	臾	之	所	学	也

答案：吾尝终日而思矣，不如须臾之所学也。——《荀子·劝学》

嘉宾评点：这是《荀子》非常著名的《劝学》篇，这里非常重要的是，荀子关于学和思的态度，和孔子

248

是有所区别的。孔子说："学而不思则罔，思而不学则殆。"所以学和思是必须紧密结合的。但在荀子这里好像有这样一个意思，学重于思。所以当时是文化非常繁荣的时代，各种意见都各行其道，相互争鸣。（钱文忠）

这种些微的差异往往只在一个字的细致的解释里，比如说学跟思的位置的颠倒，可能就代表着意义上或价值上的重大的不同。（张大春）

（二）选择题

1."黄粱一梦"出自唐代传奇《枕中记》，其中"黄粱"的意思是?

A.乐曲　　　　B.地名　　　　C.小米

答案：**C**

嘉宾评点：在唐传奇《枕中记》里，一个姓卢的读书人到旅店里去歇脚，睡的时候旅店的主人在煮黄粱，这小米稀饭还没煮熟呢，他就醒了。可是，在梦中，他已经经历了一个人所能经历的一切跌宕起伏，荣华富贵，可是回头看，也不过像梦一样的短促，而且不真实。（张大春）

2.以下诗句描写梅花的有？

A.宁可枝头抱香死，何曾吹落北风中。

B.疏影横斜水清浅，暗香浮动月黄昏。

C.只恐夜深花睡去，故烧高烛照红妆。

答案：**B**

宋·郑思肖《画菊》

花开不并百花丛，独立疏篱趣未穷。

宁可枝头抱香死，何曾吹落北风中。

宋·林逋《山园小梅》(其一)

众芳摇落独暄妍，占尽风情向小园。

疏影横斜水清浅，暗香浮动月黄昏。

霜禽欲下先偷眼，粉蝶如知合断魂。

幸有微吟可相狎，不须檀板共金尊。

宋·苏轼《海棠》

东风袅袅泛崇光，香雾空蒙月转廊。

只恐夜深花睡去，故烧高烛照红妆。

第九集

诗书中华

一、家有诗书

第一组家庭：徐琬励、徐琬彤（姐妹）

岁

离离原上草，一岁一枯荣。——唐·白居易《赋得古原草送别》

曲

一曲新词酒一杯，去年天气旧亭台。——宋·晏殊《浣溪沙》（一曲新词酒一杯）

歌

今日听君歌一曲，暂凭杯酒长精神。——唐·刘禹锡《酬乐天扬州初逢席上见赠》

安

安得广厦千万间，大庇天下寒士俱欢颜！——唐·杜甫《茅屋为秋风所破歌》

窗

窗含西岭千秋雪，门泊东吴万里船。——唐·杜甫《绝句》

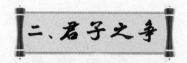

二、君子之争

徐琬励、徐琬彤 **VS** 陈帅先、陈梦果

（一）循字辨文题

1. 根据所给提示，说出一联古诗或一句古文。

提示字：**花**

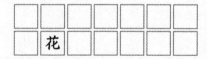

提示字：**好**

提示字：**又**

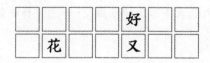

提示字: **风**

| | | | | 好 | 风 | |
| | 花 | | | 又 | | |

提示字: **逢**

| | | | | 好 | 风 | |
| | 花 | | | 又 | 逢 | |

提示字: **江**

| | | 江 | | 好 | 风 | |
| | 花 | | | 又 | 逢 | |

提示字: **节**

| | | 江 | | 好 | 风 | |
| | 花 | | 节 | 又 | 逢 | |

提示字: **君**

| | | 江 | | 好 | 风 | |
| | 花 | | 节 | 又 | 逢 | 君 |

提示字：是

	是	江		好	风	
	花		节	又	逢	君

提示字：时

	是	江		好	风	
	花	时	节	又	逢	君

提示字：正

正	是	江		好	风	
	花	时	节	又	逢	君

提示字：南

正	是	江	南	好	风	
	花	时	节	又	逢	君

提示字：落

正	是	江	南	好	风	
落	花	时	节	又	逢	君

提示字：景

正	是	江	南	好	风	景
落	花	时	节	又	逢	君

答案：正是江南好风景，落花时节又逢君。——唐·杜甫《江南逢李龟年》

2. 根据所给提示，说出一联古诗或一句古文。

提示字：**人**

				人	

提示字：**风**

		风		

				人	

提示字：**老**

		老		
		风		

				人	

提示字：**道**

		老		
	道		**风**	

				人	

提示字：**水**

		老		
	道		**风**	

			水	**人**	

提示字: **小**

		老			
	道		风		

小			水	人	

提示字: **昏**

		老		昏	
	道		风		

小			水	人	

提示字: **藤**

	藤	老		昏	
	道		风		

小			水	人	

提示字: **古**

	藤	老		昏	
古	道		风		

小			水	人	

提示字: **瘦**

	藤	老		昏	
古	道		风	瘦	

小			水	人	

提示字: **流**

	藤	老		昏	
古	道		风	瘦	

小		流	水	人	

提示字：西

| | 藤 | 老 | | 昏 | | | 小 | | 流 | 水 | 人 | |

| 古 | 道 | 西 | 风 | 瘦 | |

提示字：鸦

| | 藤 | 老 | | 昏 | 鸦 | | 小 | | 流 | 水 | 人 | |

| 古 | 道 | 西 | 风 | 瘦 | |

提示字：家

| | 藤 | 老 | | 昏 | 鸦 | | 小 | | 流 | 水 | 人 | 家 |

| 古 | 道 | 西 | 风 | 瘦 | |

提示字：枯

| 枯 | 藤 | 老 | | 昏 | 鸦 | | 小 | | 流 | 水 | 人 | 家 |

| 古 | 道 | 西 | 风 | 瘦 | |

提示字：桥

| 枯 | 藤 | 老 | | 昏 | 鸦 | | 小 | 桥 | 流 | 水 | 人 | 家 |

| 古 | 道 | 西 | 风 | 瘦 | |

提示字：树

| 枯 | 藤 | 老 | 树 | 昏 | 鸦 | | 小 | 桥 | 流 | 水 | 人 | 家 |

| 古 | 道 | 西 | 风 | 瘦 | |

提示字：马

| 枯 | 藤 | 老 | 树 | 昏 | 鸦 | | 小 | 桥 | 流 | 水 | 人 | 家 |

| 古 | 道 | 西 | 风 | 瘦 | 马 |

答案：枯藤老树昏鸦，小桥流水人家，古道西风瘦马。——
元·马致远《天净沙·秋思》

3. 根据所给提示，说出一联古诗或一句古文。

提示字：**而**

| | | | | | **而** | | | | |

提示字：**而**

| | | | | | **而** | | | **而** | |

提示字：**气**

| | | | **气** | | **而** | | | | **而** | |

提示字：**鼓**

| | **鼓** | | **气** | | | **而** | | | | **而** | |

提示字：**再**

| | **鼓** | | **气** | | **再** | **而** | | | | **而** | |

提示字：作

| | 鼓 | 作 | 气 | 再 | 而 | | | | 而 | |

提示字：三

| | 鼓 | 作 | 气 | 再 | 而 | | | 三 | 而 | |

提示字：衰

| | 鼓 | 作 | 气 | 再 | 而 | 衰 | 三 | 而 | |

提示字：竭

| | 鼓 | 作 | 气 | 再 | 而 | 衰 | 三 | 而 | 竭 |

提示字：一

| 一 | 鼓 | 作 | 气 | 再 | 而 | 衰 | 三 | 而 | 竭 |

答案：一鼓作气，再而衰，三而竭。——《左传·庄公十年》（曹刿论战）

> **嘉宾评点：**今天出这道题，有特别的意义，赶上了一个巧日子。因为"长勺之战"发生在公元前684年，今年是公元2017年，所以这场战争离今年正好2700年，这是很难得的。（钱文忠）

（二）选择题

1.《水浒传》中的"浒"是指什么？

A. 波浪

B. 水边

C. 英雄

答案：**B**

嘉宾评点：这个"浒"的意思，就是水边，如果更严谨地讲，是离开水边稍微远一点的那块平地，叫"浒"。这个字其实李白也用过的："万人凿盘石，无由达江浒。"（《丁督护歌》）这个字比较妙，它是多音字，很多人念《水浒（xǔ）传》，大家肯定嘲笑，你读字读一半。其实这个字，是有浒（xǔ）的音的，但是用于地名。比如非常著名的浒墅关，咱们现在沪宁高速沿途都看到这个地名，这是原来运河上非常重要的一个关口。（钱文忠）

2. 汉高祖刘邦创作的《大风歌》"大风起兮云飞扬，威加海内兮归故乡，安得猛士兮守四方"是通过以下什么乐器来传达豪情的？

　　A. 筑　　　　　　B. 筝　　　　　　C. 缶

答案：**A**

3. 现在我们常用"阳春白雪"和"下里巴人"指代高雅和通俗的文艺作品，请问这两个成语最初指的是什么？

A. 文章　　　　　B. 绘画　　　　　C. 音乐

答案：**C**

嘉宾评点：这个典故有三个层次。最高的一个层次就是《阳春》《白雪》，其次是《阳阿》《薤露》两个曲子，再其次就是《下里》《巴人》。根据古音乐史的研究来研判，《阳阿》《薤露》《阳春》《白雪》应该都是指琴曲。至于"属而和者数千人"，那意思就是说，《下里》《巴人》有很多人可以跟着唱，类似歌谣的形式，所以题目说这是音乐。它的范畴就包含了琴曲或演奏曲以及歌曲。（张大春）

第二组家庭：边庆虎、边梦葳（父女）

　　家风亮点：我爸爸是体育老师。我就是传说中那个古诗文是体育老师教的"可怜"的孩子。小的时候我记得我爸跟我一起做各种惊险刺激的动作，把我扛在肩膀上，然后把我倒着拎起来，然后把我"撞"向镜子，说这叫"撞钟"。就是在这种游戏的过程中，他就说个上句，我说个下句，然后就学了很多。到后来我就是自己喜欢上古诗了，就不用他再启蒙，我就自己学了。（边梦葳）

　　我觉得吧，这里面是一份很厚重的父爱和母爱。（钱文忠）

三

三山半落青天外，二水中分白鹭洲。——唐·李白《登金陵

凤凰台》

何

春花秋月何时了？往事知多少。——五代·李煜《虞美人》(春花秋月何时了)

悠

采菊东篱下，悠然见南山。——晋·陶渊明《饮酒》(其五)

知

草树知春不久归，百般红紫斗芳菲。——唐·韩愈《晚春》

挥

挥手自兹去，萧萧班马鸣。——唐·李白《送友人》

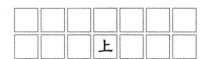

边庆虎、边梦葳　**VS**　陈帅先、陈梦果

（一）循字辨文题

1. 根据所给提示，说出一联古诗或一句古文。

提示字：**上**

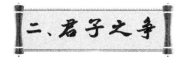

提示字：何

				何		
			上			

提示字：人

				何		
			上		人	

提示字：乡

		乡		何		
			上		人	

提示字：江

		乡		何		
		江	上		人	

提示字：日

日		乡		何		
		江	上		人	

提示字：烟

日		乡		何		
烟		江	上		人	

提示字：关

日		乡	关	何		
烟		江	上		人	

提示字：波

日		乡	关	何		
烟	波	江	上		人	

提示字：使

日		乡	关	何		
烟	波	江	上	使	人	

提示字：是

日		乡	关	何		是
烟	波	江	上	使	人	

提示字：处

日		乡	关	何	处	是
烟	波	江	上	使	人	

提示字：愁

日		乡	关	何	处	是
烟	波	江	上	使	人	愁

提示字：暮

日	暮	乡	关	何	处	是
烟	波	江	上	使	人	愁

答案：日暮乡关何处是？烟波江上使人愁。——唐·崔颢

《黄鹤楼》

2. 根据所给提示，说出一联古诗或一句古文。

提示字：无

							无		

提示字：看

			看				无		

提示字：相

		相	看				无			

提示字：眼

		相	看		眼		无			

提示字：噎

		相	看		眼		无			噎

提示字：**语**

| | | 相 | 看 | | 眼 | | 无 | 语 | | 噎 |

提示字：**执**

| 执 | | 相 | 看 | | 眼 | | 无 | 语 | | 噎 |

提示字：**竟**

| 执 | | 相 | 看 | | 眼 | 竟 | 无 | 语 | | 噎 |

提示字：**手**

| 执 | 手 | 相 | 看 | | 眼 | 竟 | 无 | 语 | | 噎 |

提示字：**凝**

| 执 | 手 | 相 | 看 | | 眼 | 竟 | 无 | 语 | 凝 | 噎 |

提示字：**泪**

| 执 | 手 | 相 | 看 | 泪 | 眼 | 竟 | 无 | 语 | 凝 | 噎 |

答案：执手相看泪眼，竟无语凝噎。——宋·柳永《雨霖铃》（寒蝉凄切）

3. 根据所给提示，说出一联古诗或一句古文。

提示字：**也**

| | | | | | | | | |

| | | 也 |

提示字：之

| | | | | 之 | | | | | | |

| | | 也 |

提示字：之

| | 之 | | | 之 | | | | | |

| | | 也 |

提示字：不

| | 之 | | | 之 | | | | 不 | |

| | | 也 |

提示字：不

| | 之 | | | 之 | 不 | | 不 | |

| | | 也 |

提示字：为

| | 之 | 为 | | 之 | 不 | | 不 | |

| | | 也 |

提示字：为

| | 之 | 为 | | 之 | 不 | | 为 | 不 | |

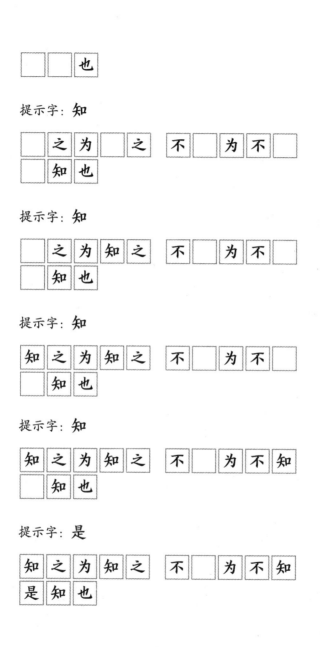

提示字: 知

提示字: 知

提示字: 知

提示字: 知

提示字: 是

提示字：**知**

知	之	为	知	之		不	知	为	不	知

是	知	也

答案：知之为知之，不知为不知，是知也。——《论语·为政》

（二）选择题

1. 王安石曾用"京口瓜洲一水间，钟山只隔数重山"表达自己希望早日回到江南的迫切心情。请问诗中的"一水"指的是什么？

A. 黄河　　　　　B. 长江　　　　　C. 汉水

答案：**B**

宋·王安石《泊船瓜洲》

京口瓜洲一水间，钟山只隔数重山。春风又绿江南岸，明月何时照我还？

嘉宾评点："京口"就是镇江，"瓜洲"是今天属于扬州市邗江区的一个地方。京口还有一个名字叫润州，

272

所以今天扬州到镇江的大桥，叫润扬大桥。京口、润州都是指的同一个地方——镇江。（钱文忠）

2. 孟子说："不以规矩，不能成方圆"，这里"规矩"的意思是？

A. 法律条文　　　B. 美德善行　　　C. 圆规曲尺

答案：**C**

嘉宾评点："曲"是弯的意思，或者是有弧度的意思。可是此处的"曲尺"，就是直角尺，它就是一个直角。（张大春）

我们出土过好多帛画，古代的帛画上画着神话人物伏羲、女娲，手上拿的就有规和矩。"矩"就是指大春老师讲的直角尺。但是我们很多人会把它理解为卷尺，所以不要把弯的概念跟曲的概念混在一起，弯是弯，曲是曲。（钱文忠）

3.《仪礼》将古代士人结婚过程概括为"六礼"，请问"六

礼"中以下可用作定亲礼物的是?

A.雁　　　　　B.鸭　　　　　C.红豆

答案：A

（三）线索题

1.请根据所给线索说出一个节日名。

（1）《三国演义》中，五位大臣计划在这一天起兵讨伐曹操。

（2）《水浒传》中，梁山好汉在这一天火烧翠云楼，智取大名府。

（3）《西游记》中，这一天唐僧师徒在天竺国金平府赏灯。

（4）《红楼梦》中，这一天元妃省亲，贾母夜宴。

答案：元宵节

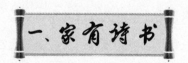

第三组家庭：胡维、涂思宇（表兄妹）

久

两情若是久长时，又岂在朝朝暮暮？——宋·秦观《鹊桥仙》（纤云弄巧）

空

人闲桂花落，夜静春山空。——唐·王维《鸟鸣涧》

岭

横看成岭侧成峰，远近高低各不同。——宋·苏轼《题西林壁》

暗

青海长云暗雪山，孤城遥望玉门关。——唐·王昌龄《从军行》（其四）

里

去时里正与裹头，归来头白还戍边。——唐·杜甫《兵车行》

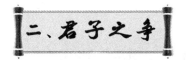

二、君子之争

胡维、涂思宇 **VS** 边庆虎、边梦葳

（一）循字辨文题

1.根据所给提示，说出一联古诗或一句古文。

提示字：**春**

		春			

提示字：不

		不				
		春				

提示字：花

		不				
		春				花

提示字：无

		不		无		
		春				花

提示字：护

		不		无		
		春			护	花

提示字：红

	红	不		无		
		春			护	花

提示字：更

	红	不		无		
		春		更	护	花

提示字：是

	红	不	是	无		
		春		更	护	花

提示字：泥

	红	不	是	无		
		春	泥	更	护	花

提示字：作

	红	不	是	无		
	作	春	泥	更	护	花

提示字：落

落	红	不	是	无		
	作	春	泥	更	护	花

提示字：情

落	红	不	是	无	情	
	作	春	泥	更	护	花

提示字：化

落	红	不	是	无	情	
化	作	春	泥	更	护	花

提示字：**物**

落	红	不	是	无	情	物
化	作	春	泥	更	护	花

答案：落红不是无情物，化作春泥更护花。——清·龚自珍《己亥杂诗》（其五）

2. 根据所给提示，说出一联古诗或一句古文。

提示字：**人**

		人										

提示字：**先**

		人							先	

提示字：**是**

	是	人							先	

提示字：**语**

	是	人					语		先	

提示字：**休**

	是	人			休		语		先	

提示字：**流**

| | 是 | 人 | | | | 休 | | 语 | | 先 | 流 |

提示字：**事**

| | 是 | 人 | | 事 | | 休 | | 语 | | 先 | 流 |

提示字：**非**

| | 是 | 人 | 非 | 事 | | 休 | | 语 | | 先 | 流 |

提示字：**物**

| 物 | 是 | 人 | 非 | 事 | | 休 | | 语 | | 先 | 流 |

提示字：**事**

| 物 | 是 | 人 | 非 | 事 | 事 | 休 | | 语 | | 先 | 流 |

提示字：**泪**

| 物 | 是 | 人 | 非 | 事 | 事 | 休 | | 语 | 泪 | 先 | 流 |

提示字：**欲**

| 物 | 是 | 人 | 非 | 事 | 事 | 休 | 欲 | 语 | 泪 | 先 | 流 |

答案：物是人非事事休，欲语泪先流。——宋·李清照《武陵春·春晚》

诗书中华

3. 根据所给提示，说出一联古诗或一句古文。

提示字：**者**

		者								

提示字：**者**

		者						者		

提示字：**多**

		者	多					者		

提示字：**道**

		者	多			道	者		

提示字：**道**

	道	者	多			道	者		

提示字：**助**

	道	者	多			道	者		助

提示字：**助**

	道	者	多	助		道	者		助

280

提示字：**失**

| 道者多助 | 失道者 | 助 |

提示字：**得**

| 得 | 道 | 者 | 多 | 助 | 失 | 道 | 者 | | 助 |

提示字：**寡**

| 得 | 道 | 者 | 多 | 助 | 失 | 道 | 者 | 寡 | 助 |

答案：得道者多助，失道者寡助。——《孟子·公孙丑下》

（二）选择题

1."北方有佳人，绝世而独立。一顾倾人城，再顾倾人国……"请问这位倾城倾国的"佳人"是？

A.李夫人　　　　B.陈阿娇　　　　C.王昭君

答案：**A**

汉·李延年《李延年歌》

北方有佳人，绝世而独立。一顾倾人城，再顾倾人国。宁不知倾城与倾国？佳人难再得。

2. 请问下面哪个词不是诗词中对书信的称呼？

A. 鱼雁　　　　　B. 尺素　　　　　C. 洒金笺

答案：**C**

3. 以下哪句诗中的"鸳鸯"代表的不是爱情？

A. 得成比目何辞死，愿作鸳鸯不羡仙。

B. 乐鸳鸯之同池，羡比翼之共林。

C. 文采双鸳鸯，裁为合欢被。

答案：**B**

嘉宾评点：这出自曹植的《释思赋》，他明白地在序里说，我这篇文章所写的就是兄弟之间的情感。因为"在天愿作比翼鸟，在地愿为连理枝"，所以看题目的第一反应，想到的就是爱情，不是它误导你，是你被爱情误导了。（张大春）

唐·卢照邻《长安古意》(节选)

楼前相望不相知，陌上相逢讵相识。借问吹箫向紫烟，曾经学舞度芳年。得成比目何辞死，愿作鸳鸯不羡仙。比目鸳鸯真可羡，双去双来君不见。

三国魏·曹植《释思赋》

家弟出养族父郎中伊，余以兄弟之爱，心有恋然，作此赋以赠之。

彼朋友之离别，犹求思乎白驹。况同生之义绝，重背亲而为疏。乐鸳鸯之同池，羡比翼之共林。亮根异其何戚，痛别干之伤心。

汉·佚名《客从远方来》

客从远方来，遗我一端绮。相去万余里，故人心尚尔。文采双鸳鸯，裁为合欢被。著以长相思，缘以结不解。以胶投漆中，谁能别离此？

（三）线索题

1. 请根据所给线索说出诗人姓名。

（1）他和妻子伉俪情深，妻亡后不娶。

（2）相传他的名字与汉初的四位隐士有关。

（3）他以《无题》诗著名。

（4）"夕阳无限好，只是近黄昏"是他的名句。

答案：**李商隐**

唐·李商隐《无题》

相见时难别亦难，东风无力百花残。春蚕到死丝方尽，蜡炬成灰泪始干。晓镜但愁云鬓改，夜吟应觉月光寒。蓬山此去无多路，青鸟殷勤为探看。

唐·李商隐《乐游原》

向晚意不适，驱车登古原。夕阳无限好，只是近黄昏。

第十集

诗书中华

一、家有诗书

第一组家庭：童昕、李点（表姐弟）

家风亮点：我们两个学诗，还真是跟吃的有关呢。这要归功于我们的外公吧。我们南方有一种挂面，叫做龙须挂面。就是在我们很小的时候，他会用钢笔把诗词抄在那个挂面的包装纸上面，一遍一遍教我们朗诵诗歌。（童昕）

除了那个挂面之外，他还会把诗抄在小本子上，然后给我们详细地讲这首诗，一句句教我们念，用钢笔注拼音，用毛笔写字。（李点）

笑

莫笑农家腊酒浑，丰年留客足鸡豚。——宋·陆游《游山西村》

流

花自飘零水自流。一种相思，两处闲愁。——宋·李清照《一剪梅》

欲

欲把西湖比西子，淡妆浓抹总相宜。——宋·苏轼《饮湖上初晴后雨》（其二）

报

谁言寸草心，报得三春晖。——唐·孟郊《游子吟》

形

既自以心为形役，奚惆怅而独悲。——晋·陶渊明《归去来兮辞》

二、君子之争

童昕、李点 **VS** 胡维、涂思宇

（一）循字辨文题

1. 根据所给提示，说出一联古诗或一句古文。

提示字：**云**

	云					

提示字：**不**

				不		
	云					

提示字：**千**

				不		
	云	千				

提示字：**一**

		一		不		
	云	千				

提示字：**悠**

		一		不		
	云	千		悠		

提示字：**去**

		一	去	不		
	云	千			悠	

提示字：**白**

		一	去	不		
白	云	千			悠	

提示字：黄

黄			一	去	不		
白	云	千			悠		

提示字：悠

黄			一	去	不		
白	云	千			悠	悠	

提示字：空

黄			一	去	不		
白	云	千		空	悠	悠	

提示字：鹤

黄	鹤	一	去	不		
白	云	千		空	悠	悠

提示字：复

黄	鹤	一	去	不	复	
白	云	千		空	悠	悠

提示字：载

黄	鹤	一	去	不	复	
白	云	千	载	空	悠	悠

提示字：返

黄	鹤	一	去	不	复	返
白	云	千	载	空	悠	悠

答案：黄鹤一去不复返，白云千载空悠悠。——唐·崔颢
《黄鹤楼》

2. 根据所给提示，说出一联古诗或一句古文。

提示字：**水**

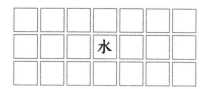

提示字：**无**

提示字：**前**

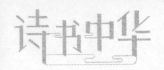

提示字：**再**

				无	再	
	前		水			

提示字：**白**

				无	再	
	前		水			
		白				

提示字：**尚**

				无	再	
	前		水	尚		
		白				

提示字：**人**

		人		无	再	
	前		水	尚		
		白				

提示字：**鸡**

		人		无	再	

	前		水	尚		
		白				鸡

提示字: **发**

		人		无	再	
	前		水	尚		
		白	发			鸡

提示字: **休**

		人		无	再	
	前		水	尚		
休		白	发			鸡

提示字: **门**

		人		无	再	
门	前		水	尚		
休		白	发			鸡

提示字: **道**

	道	人		无	再	
门	前		水	尚		
休		白	发			鸡

提示字: 能

	道	人		无	再	
门	前		水	尚	能	
休		白	发			鸡

提示字: 生

	道	人	生	无	再	
门	前		水	尚	能	
休		白	发			鸡

提示字: 黄

	道	人	生	无	再	
门	前		水	尚	能	
休		白	发		黄	鸡

提示字: 将

	道	人	生	无	再	
门	前		水	尚	能	
休	将	白	发		黄	鸡

提示字: 谁

谁	道	人	生	无	再	
门	前		水	尚	能	

| 休 | 将 | 白 | 发 | | 黄 | 鸡 |

提示字：西

谁	道	人	生	无	再	
门	前		水	尚	能	西
休	将	白	发		黄	鸡

提示字：流

谁	道	人	生	无	再	
门	前	流	水	尚	能	西
休	将	白	发		黄	鸡

提示字：少

谁	道	人	生	无	再	少
门	前	流	水	尚	能	西
休	将	白	发		黄	鸡

提示字：唱

谁	道	人	生	无	再	少
门	前	流	水	尚	能	西
休	将	白	发	唱	黄	鸡

答案：谁道人生无再少？门前流水尚能西！休将白发唱黄

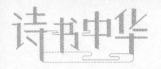

鸡。——宋·苏轼《浣溪沙》

3. 根据所给提示，说出一联古诗或一句古文。

提示字：**不**

| | | | | | | | | | 不 | |

提示字：**以**

| | | | | | | 以 | | | 不 | |

提示字：**子**

| | | | | 子 | 以 | | | 不 | |

提示字：**强**

| | | | | 子 | 以 | | 强 | 不 | |

提示字：**健**

| | 健 | | | 子 | 以 | | 强 | 不 | |

提示字：**息**

| | 健 | | | 子 | 以 | | 强 | 不 | 息 |

提示字：**君**

| | 健 | 君 | 子 | 以 | | 强 | 不 | 息 |

提示字：**自**

| | | 健 | 君 | 子 | 以 | 自 | 强 | 不 | 息 |

提示字：**天**

| 天 | | 健 | 君 | 子 | 以 | 自 | 强 | 不 | 息 |

提示字：**行**

| 天 | 行 | 健 | 君 | 子 | 以 | 自 | 强 | 不 | 息 |

答案：天行健，君子以自强不息。——《周易·乾卦》

（二）选择题

1.名句"会当凌绝顶，一览众山小"说的是哪处名胜？

A.庐山　　　　　B.泰山　　　　　C.黄山

答案：**B**

唐·杜甫《望岳》

岱宗夫如何？齐鲁青未了。造化钟神秀，阴阳割昏晓。荡胸生层云，决眦入归鸟。会当凌绝顶，一览众山小。

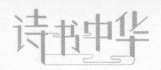

2."一日不见，如隔三秋"出自《诗经》："一日不见，如三秋兮！"请问诗中"三秋"是指？

A.三个月　　　　B.三个季度　　　　C.三年

答案：**B**

嘉宾评点："彼采葛兮，一日不见，如三月兮！彼采萧兮，一日不见，如三秋兮！彼采艾兮，一日不见，如三岁兮！"本来是《诗经·王风·采葛》中的句子，它看起来是有一个三月、三个秋、三个岁的递进，孔颖达的判断是把"月"跟"岁"之间的这个"秋"，解释成一个季度。（张大春）

《诗经·王风·采葛》

彼采葛兮，一日不见，如三月兮！

彼采萧兮，一日不见，如三秋兮！

彼采艾兮，一日不见，如三岁兮！

3."仰天大笑出门去，我辈岂是蓬蒿人"是李白和谁告别时写的？

A.家人　　　　B.友人　　　　C.邻居

答案：**A**

唐·李白《南陵别儿童入京》

白酒新熟山中归，黄鸡啄黍秋正肥。呼童烹鸡酌白酒，儿女嬉笑牵人衣。高歌取醉欲自慰，起舞落日争光辉。游说万乘苦不早，著鞭跨马涉远道。会稽愚妇轻买臣，余亦辞家西入秦。仰天大笑出门去，我辈岂是蓬蒿人。

嘉宾评点： 如果说是李白的"妻子"，是肯定有问题的。因为李白的第一任妻子在李白三十岁左右就过世了。李白还有另外一个妻子，可是这时那个妻子还没娶来。不过他当时应该有一个女朋友，而且他跟她的交情，还不是太好，诗中有一句叫"会稽愚妇轻买臣"，如果这是说的他的第二任妻子，那就不对了，因为他的第二任妻子跟他的感情非常好，没有这一类的问题。一个看不起他，但是跟他同居又替他养儿育女的女人，可能嘲笑了他。正好在这个时候，他得到消息要进京，所以辞别的是他的子女。但是里面也提到了那个"家人"，应该还包括了一个没有结婚的女友。（张大春）

第二组家庭：李六保、姜喆（母女）

岸

两岸猿声啼不住，轻舟已过万重山。——唐·李白《早发白帝城》

物

不以物喜，不以己悲。——宋·范仲淹《岳阳楼记》

娘

黄四娘家花满蹊，千朵万朵压枝低。——唐·杜甫《江畔独步寻花》（其六）

黑

野径云俱黑，江船火独明。——唐·杜甫《春夜喜雨》

专

闻道有先后，术业有专攻。——唐·韩愈《师说》

二、君子之争

李六保、姜喆 **VS** 童昕、李点

（一）循字辨文题

1.根据所给提示，说出一联古诗或一句古文。

提示字：**春**

	春					

提示字：**飞**

					飞	
		春				

提示字：**风**

					飞	
		春	**风**			

提示字：玉

		玉			飞	
		春	风			

提示字：城

		玉			飞	
		春	风			城

提示字：笛

		玉	笛		飞	
		春	风			城

提示字：满

		玉	笛		飞	
		春	风	满		城

提示字：入

		玉	笛		飞	
	入	春	风	满		城

提示字：家

	家	玉	笛		飞	
	入	春	风	满		城

提示字: 洛

	家	玉	笛		飞	
	入	春	风	满	洛	城

提示字: 谁

谁	家	玉	笛		飞	
	入	春	风	满	洛	城

提示字: 声

谁	家	玉	笛		飞	声
	入	春	风	满	洛	城

提示字: 散

谁	家	玉	笛		飞	声
散	入	春	风	满	洛	城

提示字: 暗

谁	家	玉	笛	暗	飞	声
散	入	春	风	满	洛	城

答案：谁家玉笛暗飞声，散入春风满洛城。——唐·李白《春夜洛城闻笛》

2.根据所给提示，说出一联古诗或一句古文。

提示字：**无**

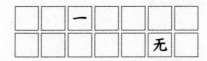

提示字：**一**

提示字：**未**

提示字：**里**

		一				里
		未		无		

提示字：**家**

		一		家		里
		未			无	

提示字：然

		一		家		里
	然	未			无	

提示字：计

		一		家		里
	然	未			无	计

提示字：归

		一		家		里
	然	未		归	无	计

提示字：杯

		一	杯	家		里
	然	未		归	无	计

提示字：燕

		一	杯	家		里
燕	然	未		归	无	计

提示字：万

		一	杯	家	万	里
燕	然	未		归	无	计

提示字：**酒**

	酒	一	杯	家	万	里
燕	然	未		归	无	计

提示字：**浊**

浊	酒	一	杯	家	万	里
燕	然	未		归	无	计

提示字：**勒**

浊	酒	一	杯	家	万	里
燕	然	未	勒	归	无	计

答案：浊酒一杯家万里，燕然未勒归无计。——宋·范仲淹《渔家傲·秋思》

3. 根据所给提示，说出一联古诗或一句古文。

提示字：**能**

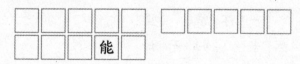

提示字：**能**

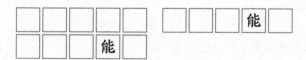

提示字：不

			能	

		不	能	

提示字：不

		不		
			能	

		不	能	

提示字：武

		不		
	武		能	

		不	能	

提示字：移

		不		
	武		能	

		不	能	移

提示字：贵

	贵	不		
	武		能	

		不	能	移

提示字：淫

	贵	不		淫
	武		能	

		不	能	移

第十集 307

提示字：贫

| | 贵 | 不 | | 淫 |
| 贫 | | 不 | 能 | 移 |

| | 武 | | 能 | |

提示字：富

| 富 | 贵 | 不 | | 淫 |
| 贫 | | 不 | 能 | 移 |

| | 武 | | 能 | |

提示字：贱

| 富 | 贵 | 不 | | 淫 |
| 贫 | 贱 | 不 | 能 | 移 |

| | 武 | | 能 | |

提示字：屈

| 富 | 贵 | 不 | | 淫 |
| 贫 | 贱 | 不 | 能 | 移 |

| | 武 | | 能 | 屈 |

提示字：能

| 富 | 贵 | 不 | 能 | 淫 |
| 贫 | 贱 | 不 | 能 | 移 |

| | 武 | | 能 | 屈 |

提示字：威

| 富 | 贵 | 不 | 能 | 淫 |
| 贫 | 贱 | 不 | 能 | 移 |

| 威 | 武 | | 能 | 屈 |

提示字：**不**

| 富 | 贵 | 不 | 能 | 淫 | | 贫 | 贱 | 不 | 能 | 移 |

| 威 | 武 | 不 | 能 | 屈 |

答案：富贵不能淫，贫贱不能移，威武不能屈。——《孟子·滕文公下》

（二）选择题

1."入木三分"这个成语最早用来形容什么？

A. 文章　　　　　B. 书法　　　　　C. 剑术

答案：**B**

嘉宾评点：张怀瓘的《书断》里的故事大致说，王羲之在写一个牌匾的时候，就是在一块木板上写了几个字，刻工按照他的笔画去刻出那个字形的时候，刻了三分厚还能够看到墨迹，表示他这个笔力深厚。但是我很怀疑这一点，因为所谓的书匾或书榜，就是写大字，在王羲之那个时代还没这习惯。"入木三分"也不见得就表示字写得好。（张大春）

应该表示这个木板木质比较疏松，墨渍洇下去，你拿块木板质量不太好的，比较松的，比如松木，我也能入木三分，我写得慢一点。（钱文忠）

2. 请问《琵琶记》中"十年窗下无人问"的下一句是?

A. 三更夜月读书忙

B. 一举成名天下知

C. 万般下品读书高

答案:**B**

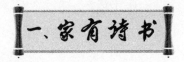

一、家有诗书

第三组家庭:文芸芸、文巾英（姐妹）

乡

独在异乡为异客，每逢佳节倍思亲。——唐·王维《九月九日忆山东兄弟》

近

远看山有色，近听水无声。——宋人诗

落

落红不是无情物，化作春泥更护花。——清·龚自珍《己亥杂诗》(其五)

根

本是同根生，相煎何太急。——三国魏·曹植《七步诗》

从

从今若许闲乘月，拄杖无时夜叩门。——宋·陆游《游山西村》

（一）循字辨文题

1.根据所给提示，说出一联古诗或一句古文。

提示字：**心**

		心			

提示字：**无**

				无
		心		

提示字：照

					无	
			心	照		

提示字：自

		自			无	
			心	照		

提示字：丹

		自			无	
		丹	心	照		

提示字：古

		自	古		无	
		丹	心	照		

提示字：取

		自	古		无	
	取	丹	心	照		

提示字：人

人		自	古		无	
	取	丹	心	照		

提示字：青

人		自	古		无	
	取	丹	心	照		青

提示字：生

人	生	自	古		无	
	取	丹	心	照		青

提示字：汗

人	生	自	古		无	
	取	丹	心	照	汗	青

提示字：谁

人	生	自	古	谁	无	
	取	丹	心	照	汗	青

提示字：留

人	生	自	古	谁	无	
留	取	丹	心	照	汗	青

提示字：死

人	生	自	古	谁	无	死
留	取	丹	心	照	汗	青

答案：人生自古谁无死，留取丹心照汗青。——宋·文天祥
《过零丁洋》

2. 根据所给提示，说出一联古诗或一句古文。

提示字：无

						无	

提示字：山

			山			无	

提示字：千

千			山			无	

提示字：处

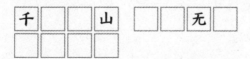

提示字：古

千	古		山
			处

		无	

提示字：孙

千	古		山
孙			处

		无	

提示字：英

千	古		山
孙			处

英		无	

提示字：觅

千	古		山
孙			处

英		无	觅

提示字：仲

千	古		山
孙	仲		处

英		无	觅

提示字：雄

千	古		山
孙	仲		处

英	雄	无	觅

提示字：**谋**

千	古		山
孙	仲	谋	处

英	雄	无	觅

提示字：**江**

千	古	江	山
孙	仲	谋	处

英	雄	无	觅

答案：千古江山，英雄无觅，孙仲谋处。——宋·辛弃疾
《永遇乐·京口北固亭怀古》

3. 根据所给提示，说出一联古诗或一句古文。

提示字：**其**

								其	

提示字：**先**

					先		其	

提示字：**其**

			其			先		其	

提示字：**器**

			其			先		其	器

提示字：善

| | | 善 | 其 | | | 先 | | 其 | 器 |

提示字：事

| | | 善 | 其 | 事 | | 先 | | 其 | 器 |

提示字：工

| 工 | | 善 | 其 | 事 | | 先 | | 其 | 器 |

提示字：欲

| 工 | 欲 | 善 | 其 | 事 | | 先 | | 其 | 器 |

提示字：利

| 工 | 欲 | 善 | 其 | 事 | | 先 | 利 | 其 | 器 |

提示字：必

| 工 | 欲 | 善 | 其 | 事 | 必 | 先 | 利 | 其 | 器 |

答案：工欲善其事，必先利其器。——《论语·卫灵公》

（二）选择题

1. 我国古代的很多事物都有自己的雅称，请问我们常说的

"润笔"指的是什么？

A. 稿费　　　　　　B. 蘸墨　　　　　　C. 作序

答案：**A**

> **嘉宾评点：** 我们知道"润"，除了由水来润，用油来润，"润"还有滑润的意思，或者说我们经常讲利润。的确，在隋唐以后，越来越多的人写文章，是能够有比较多的源头可以提供金钱的。像王维他哥哥就是专门替人家写墓志、写行状，所以有的时候敲错门到他家去了，他就会说，大作家在那边，他哥住在那边。所以那些都算是润笔。（张大春）

2. 以下含有古代长度单位的成语中，哪个单位表示的长度最长？

A. "咫尺之遥"中的"咫"

B. "火冒三丈"中的"丈"

C. "枉尺直寻"中的"寻"

答案：**B**

嘉宾评点：这个"咫"就只有一尺嘛。"咫尺天涯"的意思，并不是说它距离远得像天涯，正好相反，我们两个站那么近，可是我们两个感觉上像是远隔天涯。可是"寻"这个字很特别，八尺为寻，倍寻为常，"寻""常"是长度单位。律诗写得精到极点的老杜，"酒债寻常行处有，人生七十古来稀"，前面不是数字，后面是数字，它怎么对仗呢？一方面，这句的"寻"跟"常"对，"七"跟"十"对；另外一方面，"寻常"也可以对"七十"，因为"寻"是八尺，"常"是一丈六，就是零点八跟一点六的分别。（张大春）

第十一集

诗书中华

（返场赛）

一、家有诗书

第一组家庭：边庆虎、边梦葳（父女）

山

山外青山楼外楼，西湖歌舞几时休？——宋·林升《题临安邸》

青山横北郭，白水绕东城。——唐·李白《送友人》

不识庐山真面目，只缘身在此山中。——宋·苏轼《题西林壁》

远上寒山石径斜，白云生处有人家。——唐·杜牧《山行》

青海长云暗雪山，孤城遥望玉门关。——唐·王昌龄《从军行》（其四）

但使龙城飞将在，不教胡马度阴山。——唐·王昌龄《出塞》

会当凌绝顶，一览众山小。——唐·杜甫《望岳》

千里莺啼绿映红，水村山郭酒旗风。——唐·杜牧《江南春》

三山半落青天外，二水中分白鹭洲。——唐·李白《登金陵凤凰台》

山河破碎风飘絮，身世浮沉雨打萍。——宋·文天祥《过零丁洋》

第二组家庭：周立言、俞文洁（表姐妹）

月

明月别枝惊鹊，清风半夜鸣蝉。——宋·辛弃疾《西江月·夜行黄沙道中》

月出惊山鸟，时鸣春涧中。——唐·王维《鸟鸣涧》

明月松间照，清泉石上流。——唐·王维《山居秋暝》

疏影横斜水清浅，暗香浮动月黄昏。——宋·林逋《山园小梅》（其一）

明月几时有？把酒问青天。——宋·苏轼《水调歌头》（明月几时有）

不知细叶谁裁出，二月春风似剪刀。——唐·贺知章《咏柳》

春江花朝秋月夜，往往取酒还独倾。——唐·白居易《琵琶行》

小时不识月，呼作白玉盘。——唐·李白《古朗月行》

月落乌啼霜满天，江枫渔火对愁眠。——唐·张继《枫桥夜泊》

姑苏城外一茅屋，万树桃花月满天。——明·唐寅《把酒对月歌》

人生代代无穷已，江月年年只相似。——唐·张若虚《春江花月夜》

江天一色无纤尘，皎皎空中孤月轮。——唐·张若虚《春江

花月夜》

床前明月光，疑是地上霜。——唐·李白《静夜思》

明月夜，短松冈。——宋·苏轼《江城子·乙卯正月二十日夜记梦》

当时明月在，曾照彩云归。——宋·晏几道《临江仙》（梦后楼台高锁）

舞低杨柳楼心月，歌尽桃花扇底风。——宋·晏几道《鹧鸪天》（彩袖殷勤捧玉钟）

二十四桥明月夜，玉人何处教吹箫。——唐·杜牧《寄扬州韩绰判官》

第三组家庭：罗阳、刘润泽（表兄弟）

云

只在此山中，云深不知处。——唐·贾岛《寻隐者不遇》

远上寒山石径斜，白云生处有人家。——唐·杜牧《山行》

千里黄云白日曛，北风吹雁雪纷纷。——唐·高适《别董大》（其一）

孔子云：何陋之有？——唐·刘禹锡《陋室铭》

朝辞白帝彩云间，千里江陵一日还。——唐·李白《早发白帝城》

气蒸云梦泽，波撼岳阳城。——唐·孟浩然《临洞庭上张丞相》

荡胸生层云，决眦入归鸟。——唐·杜甫《望岳》

南阳诸葛庐，西蜀子云亭。——唐·刘禹锡《陋室铭》

　　嘉宾评点：其实他们刚才用得最妙的就是"孔子云：何陋之有"，但是这个一定要注意。因为我们现在用的是简体字。但是在传统上，我们用繁体字，这两个"云"就不是一个"云"，"孔子"这个"云"是没有繁体的，只能写成"孔子云"。（钱文忠）

第四组家庭：童昕、李点（表姐弟）

夜

淮水东边旧时月，夜深还过女墙来。——唐·刘禹锡《石头城》

我寄愁心与明月，随风直到夜郎西。——唐·李白《闻王昌龄左迁龙标遥有此寄》

夜来风雨声，花落知多少。——唐·孟浩然《春晓》

春江花朝秋月夜，往往取酒还独倾。——唐·白居易《琵琶行》

明月夜，短松冈。——宋·苏轼《江城子·乙卯正月二十日夜记梦》

夜阑卧听风吹雨，铁马冰河入梦来。——宋·陆游《十一月四日风雨大作》

随风潜入夜，润物细无声。——唐·杜甫《春夜喜雨》

二、君子之争

第一组：童昕、李点 VS 周立言、俞文洁

（一）循字辨题文

1. 根据所给提示，说出一联古诗或一句古文。

提示字：**新**

	新				

提示字：**万**

		万				
		新				

提示字：**把**

		万				
	把	**新**				

提示字：**换**

		万				
	把	新		换		

提示字：**日**

		万				日
	把	新		换		

提示字：**旧**

		万				日
	把	新		换	旧	

提示字：**户**

		万	户			日
	把	新		换	旧	

提示字：**门**

	门	万	户			日
	把	新		换	旧	

提示字：**千**

千	门	万	户			日
	把	新		换	旧	

提示字：**总**

千	门	万	户			日
总	把	新		换	旧	

提示字：**符**

千	门	万	户			日
总	把	新		换	旧	符

提示字：**曈**

千	门	万	户	曈		日
总	把	新		换	旧	符

提示字：**曈**

千	门	万	户	曈	曈	日
总	把	新		换	旧	符

提示字：**桃**

千	门	万	户	曈	曈	日
总	把	新	桃	换	旧	符

答案：千门万户曈曈日，总把新桃换旧符。——宋·王安石《元日》

诗书中华

2. 根据所给提示，说出一联古诗或一句古文。

提示字：**不**

				不								

提示字：**尽**

	尽			不							

提示字：**沙**

	尽			不						沙	

提示字：**冷**

	尽			不					沙		冷

提示字：**栖**

	尽			不		栖			沙		冷

提示字：**寞**

	尽			不		栖		寞	沙		冷

提示字：**寂**

	尽			不		栖	寂	寞	沙		冷

提示字: 寒

| | 尽 | 寒 | | 不 | | 栖 | | 寂 | 寞 | 沙 | | 冷 |

提示字: 肯

| | 尽 | 寒 | | 不 | 肯 | 栖 | | 寂 | 寞 | 沙 | | 冷 |

提示字: 洲

| | 尽 | 寒 | | 不 | 肯 | 栖 | | 寂 | 寞 | 沙 | 洲 | 冷 |

提示字: 枝

| | 尽 | 寒 | 枝 | 不 | 肯 | 栖 | | 寂 | 寞 | 沙 | 洲 | 冷 |

提示字: 拣

| 拣 | 尽 | 寒 | 枝 | 不 | 肯 | 栖 | | 寂 | 寞 | 沙 | 洲 | 冷 |

答案: 拣尽寒枝不肯栖，寂寞沙洲冷。——宋·苏轼《卜算子·黄州定慧院寓居作》

3. 根据所给提示，说出一联古诗或一句古文。

提示字: 千

提示字：**里**

| | | | | | | | | 千 | 里 |

提示字：**不**

| | 不 | | | | | | 千 | 里 |

提示字：**无**

| | 不 | | | | 无 | | 千 | 里 |

提示字：**故**

| 故 | 不 | | | | 无 | | 千 | 里 |

提示字：**以**

| 故 | 不 | | | | 无 | 以 | 千 | 里 |

提示字：**步**

| 故 | 不 | | | 步 | 无 | 以 | 千 | 里 |

提示字：**跬**

| 故 | 不 | | 跬 | 步 | 无 | 以 | 千 | 里 |

提示字：**积**

| 故 | 不 | 积 | 跬 | 步 | 无 | 以 | 千 | 里 |

提示字：**至**

| 故 | 不 | 积 | 跬 | 步 | 无 | 以 | 至 | 千 | 里 |

答案：故不积跬步，无以至千里。——《荀子·劝学》

（二）双项选择题

1.李贺的《李凭箜篌引》曾用以下哪两个神话来形容乐器箜篌的演奏效果？

A.吴刚伐桂　　　B.女娲补天　　　C.精卫填海

答案：**A、B**

嘉宾评点： 李贺的这一首《李凭箜篌引》有两个地方提到了中国古代的神话。一个就是"女娲炼石补天处"，后面那一句最近这几年比较流行，"石破天惊逗秋雨"。（张大春）

女娲其实是值得一讲的。因为我们大家都觉得对女娲很熟悉，因为按照神话传说，她是中国的创世的大地母亲，人是她造的呀！她把黄土捏成人，同时一天七十变，变出很多东西，逐渐变出了万物。她的这种炼石补天的精神，代表着中国女性的一种坚韧不拔、面对困难敢挺身而上的精神。（钱文忠）

2. 以下典故中哪项说的是孔子?

A. 丧家之犬

B. 箪瓢陋巷

C. 三月不知肉味

答案：**A、C**

> **嘉宾评点：**这里面比较有意思的是"丧家之犬"，这个是别人先说孔子的。问你有没有见到这么一个人啊？长得这样，额头这样，各种描写，总之很怪异。完了又说像个丧家犬。孔子后来听说了，你看孔子很棒啊，他说，说我这个样子倒不太像，我长得没那么奇特，但是说我像丧家之犬，倒是对的。所以这是别人说孔子，孔子认下来的意思。（钱文忠）

3. 下面词句出自女词人之手的是?

A. 日晚倦梳头

B. 懒起画蛾眉

C. 起来慵整纤纤手

答案：**A、C**

（一）循字辨文题

1.根据所给提示，说出一联古诗或一句古文。

提示字：**万**

		万				

提示字：**千**

千		万				

提示字：**东**

千		万				
		东				

提示字：**风**

千		万				
		东			风	

提示字：西

千		万				
		东	西			风

提示字：尔

千		万				
	尔	东	西			风

提示字：南

千		万				
	尔	东	西	南		风

提示字：还

千		万		还		
	尔	东	西	南		风

提示字：击

千		万	击	还		
	尔	东	西	南		风

提示字：任

千		万	击	还		
任	尔	东	西	南		风

提示字：北

千		万	击	还		
任	尔	东	西	南	北	风

提示字：**坚**

千		万	击	还	坚	
任	尔	东	西	南	北	风

提示字：**劲**

千		万	击	还	坚	劲
任	尔	东	西	南	北	风

提示字：**磨**

千	磨	万	击	还	坚	劲
任	尔	东	西	南	北	风

答案：千磨万击还坚劲，任尔东西南北风。——清·郑燮
《竹石》

2.根据所给提示，说出一联古诗或一句古文。

提示字：**水**

			水			

提示字：花

			花			
			水			

提示字：如

			花			
			水		如	

提示字：出

	出		花			
			水		如	

提示字：红

	出		花	红		
			水		如	

提示字：江

	出		花	红		
		江	水		如	

提示字：火

	出		花	红		火
		江	水		如	

提示字：**春**

	出		花	红		火
春		江	水		如	

提示字：**绿**

	出		花	红		火
春		江	水	绿	如	

提示字：**江**

	出	江	花	红		火
春		江	水	绿	如	

提示字：**蓝**

	出	江	花	红		火
春		江	水	绿	如	蓝

提示字：**来**

	出	江	花	红		火
春	来	江	水	绿	如	蓝

提示字：**日**

日	出	江	花	红		火
春	来	江	水	绿	如	蓝

提示字：胜

日	出	江	花	红	胜	火
春	来	江	水	绿	如	蓝

答案：日出江花红胜火，春来江水绿如蓝。——唐·白居易
《忆江南》

3. 根据所给提示，说出一联古诗或一句古文。

提示字：之

				之		

提示字：之

		之				
			之			

提示字：也

		之				
				之		也

提示字：不

		之		不		
				之		也

提示字：山

提示字：乎

提示字：在

提示字：水

提示字：意

提示字：醉

提示字：在

醉		之	意	不	在	
在	乎	山	水	之		也

提示字：酒

醉		之	意	不	在	酒
在	乎	山	水	之		也

提示字：翁

醉	翁	之	意	不	在	酒
在	乎	山	水	之		也

提示字：间

醉	翁	之	意	不	在	酒
在	乎	山	水	之	间	也

答案：醉翁之意不在酒，在乎山水之间也。——宋·欧阳修《醉翁亭记》

（二）双项选择题

1. 韩愈"白雪却嫌春色晚，故穿庭树作飞花"中实际出现的景物有？

A.雪　　　　B.树　　　　C.花

答案：**A、B**

2. 下面关于炎帝的说法，正确的是?

A. 尝百草

B. 制八卦

C. 牛首人身

答案: **A、C**

嘉宾评点: 神话太丰富了，神话像大海一样，我们大家都需要学习。但这个题为什么不难呢? 因为历来没有炎帝制八卦之说，八卦都归于伏羲，伏羲画八卦。当然，炎帝他的功绩也是非常大的，一个是尝百草，第二是发明农业，制作耒、耜等最早的原始农具。那个牛首人身嘛，是古籍当中对他外貌的一种记载，也是成为神话以后的一种产物。(钱文忠)

3. 以下哪两人不属于《水浒传》的一百零八将?

A. 托塔天王晁盖

B. 白衣秀士王伦

C. 小霸王周通

答案: **A、B**

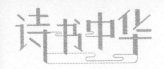

（一）循字辨文题

1. 根据所给提示，说出一联古诗或一句古文。

提示字：**无**

			无		

提示字：**传**

			无		
	传				

提示字：**语**

			无		
	传	语			

提示字：**相**

	相		无		
	传	语			

提示字：**上**

	上	相		无		

| | | 传 | 语 | | | |

提示字：安

| | 上 | 相 | | 无 | | |
| | | 传 | 语 | | | 安 |

提示字：平

| | 上 | 相 | | 无 | | |
| | | 传 | 语 | | 平 | 安 |

提示字：君

| | 上 | 相 | | 无 | | |
| | 君 | 传 | 语 | | 平 | 安 |

提示字：笔

| | 上 | 相 | | 无 | | 笔 |
| | 君 | 传 | 语 | | 平 | 安 |

提示字：凭

| | 上 | 相 | | 无 | | 笔 |
| 凭 | 君 | 传 | 语 | | 平 | 安 |

提示字：**报**

	上	相		无		笔
凭	君	传	语	报	平	安

提示字：**纸**

	上	相		无	纸	笔
凭	君	传	语	报	平	安

提示字：**逢**

	上	相	逢	无	纸	笔
凭	君	传	语	报	平	安

提示字：**马**

马	上	相	逢	无	纸	笔
凭	君	传	语	报	平	安

答案：马上相逢无纸笔，凭君传语报平安。——唐·岑参《逢入京使》

2. 根据所给提示，说出一联古诗或一句古文。

提示字：**有**

提示字：成

| | | 成 | | | | | | | 有 | | | |

提示字：落

| | 落 | 成 | | | | | | | 有 | | | |

提示字：作

| | 落 | 成 | | | 作 | | | | 有 | | | |

提示字：如

| | 落 | 成 | | | 作 | | | | 有 | | 如 | |

提示字：故

| | 落 | 成 | | | 作 | | | | 有 | | 如 | 故 |

提示字：只

| | 落 | 成 | | | 作 | | | 只 | 有 | | 如 | 故 |

提示字：泥

| | 落 | 成 | 泥 | | 作 | | | 只 | 有 | | 如 | 故 |

提示字：香

| | 落 | 成 | 泥 | | 作 | | | 只 | 有 | 香 | 如 | 故 |

提示字：尘

| | 落 | 成 | 泥 | | 作 | 尘 | | 只 | 有 | 香 | 如 | 故 |

提示字：零

| 零 | 落 | 成 | 泥 | | 作 | 尘 | | 只 | 有 | 香 | 如 | 故 |

提示字：碾

| 零 | 落 | 成 | 泥 | 碾 | 作 | 尘 | | 只 | 有 | 香 | 如 | 故 |

答案：零落成泥碾作尘，只有香如故。——宋·陆游《卜算子·咏梅》

3. 根据所给提示，说出一联古诗或一句古文。

提示字：之

| | | | | | | 之 | |

提示字：知

| | | | | 知 | | 之 | |

提示字：乐

| | | | | 知 | | 之 | 乐 |

提示字：非

| □ | 非 | □ | □ | 知 | □ | 之 | 乐 |

提示字：**鱼**

| □ | 非 | 鱼 | □ | 知 | □ | 之 | 乐 |

提示字：**安**

| □ | 非 | 鱼 | 安 | 知 | □ | 之 | 乐 |

提示字：**鱼**

| □ | 非 | 鱼 | 安 | 知 | 鱼 | 之 | 乐 |

提示字：**子**

| 子 | 非 | 鱼 | 安 | 知 | 鱼 | 之 | 乐 |

答案：子非鱼，安知鱼之乐？——《庄子·秋水》

嘉宾评点：很多人会误解，这句话其实不是庄子说的，恰恰是惠子说的。而且这一段话在《庄子·秋水》里非常重要。因为这牵涉到我们传统文化的一个非常重大的关键问题。有一段时间，有些人对传统文化妄自菲

薄，说中国人缺乏逻辑精神。错了，这个恰恰就是中国有逻辑精神的一种证明。惠子说："子非鱼，安知鱼之乐?"你不是鱼，你怎么知道鱼的快乐呢？庄子的回答是："子非我，安知我不知鱼之乐。"你又不是我，你怎么知道，我不知道鱼的快乐呢？惠子的回答非常精彩："我非子，固不知子矣。"我不是你，当然我不知道。"子固非鱼也"，但你也肯定不是鱼，"子之不知鱼之乐全矣"，那你也不是鱼，说你不知道鱼之乐，合情合理，太合逻辑了。所以庄子和惠子的对话，真的是证明了我们先秦的古人，是有逻辑精神的。（钱文忠）

（二）双项选择题

1.以下事件，哪些与大禹神话有关？

A.传说他是一条虫

B.三过家门而不入

C.诛杀有扈氏

答案：**A、B**

嘉宾评点：大禹是条虫，是顾颉刚这位学者提出来的。他认为大禹是条虫，禹的父亲鲧是一条鱼。当然，这些说法不但在自然学上站不住脚，在一个民族发展的实事求是的考古精神里，也很难找到证据。但禹是一条虫的说法，是从更多方面去重新建构一个民族发展的历史，这个倒是可贵的。（张大春）

2. 与杜牧诗句"楚腰纤细掌中轻"有关的历史人物有？

A. 楚灵王　　　　B. 赵飞燕　　　　C. 戚夫人

答案：A、B

唐·杜牧《遣怀》

落魄江湖载酒行，楚腰纤细掌中轻。十年一觉扬州梦，赢得青楼薄幸名。

第十二集

诗书中华

（返场赛）

一、家有诗书

第一组家庭：夏含章、杨沁〔姑嫂〕

雨

空山新雨后，天气晚来秋。——唐·王维《山居秋暝》

好雨知时节，当春乃发生。——唐·杜甫《春夜喜雨》

笔落惊风雨，诗成泣鬼神。——唐·杜甫《寄李十二白二十韵》

怒发冲冠，凭栏处，潇潇雨歇。——宋·岳飞《满江红》

桃李春风一杯酒，江湖夜雨十年灯。——宋·黄庭坚《寄黄几复》

寒雨连江夜入吴，平明送客楚山孤。——唐·王昌龄《芙蓉楼送辛渐》

安得广厦千万间，大庇天下寒士俱欢颜！风雨不动安如山。——唐·杜甫《茅屋为秋风所破歌》

若夫淫雨霏霏，连月不开，阴风怒号，浊浪排空。——宋·范仲淹《岳阳楼记》

天街小雨润如酥，草色遥看近却无。——唐·韩愈《早春呈水部张十八员外》

天

天门中断楚江开，碧水东流至此回。——唐·李白《望天门山》

天长地久有时尽，此恨绵绵无绝期。——唐·白居易《长恨歌》

明月几时有，把酒问青天。——宋·苏轼《水调歌头》(明月几时有)

不知天上宫阙，今夕是何年。——宋·苏轼《水调歌头》(明月几时有)

归来见天子，天子坐明堂。——北朝民歌《木兰辞》

天姥连天向天横，势拔五岳掩赤城。——唐·李白《梦游天姥吟留别》

越人语天姥，云霞明灭或可睹。——唐·李白《梦游天姥吟留别》

三顾频烦天下计，两朝开济老臣心。——唐·杜甫《蜀相》

同是天涯沦落人，相逢何必曾相识。——唐·白居易《琵琶行》

临帝子之长洲，得天人之旧馆。——唐·王勃《滕王阁序》

先天下之忧而忧，后天下之乐而乐。——宋·范仲淹《岳阳楼记》

在天愿作比翼鸟，在地愿为连理枝。——唐·白居易《长恨歌》

天苍苍，野茫茫，风吹草低见牛羊。——北朝民歌《敕勒歌》

了却君王天下事，赢得生前身后名。——宋·辛弃疾《破阵子·为陈同甫赋壮词以寄之》

排空驭气奔如电，升天入地求之遍。——唐·白居易《长恨歌》

空山新雨后，天气晚来秋。——唐·王维《山居秋暝》

天生我材必有用，千金散尽还复来。——唐·李白《将进酒》

第三组家庭：牟广辉、牟金川（父子）

风

风急天高猿啸哀，渚清沙白鸟飞回。——唐·杜甫《登高》

野火烧不尽，春风吹又生。——唐·白居易《赋得古原草送别》

北风卷地白草折，胡天八月即飞雪。——唐·岑参《白雪歌送武判官归京》

忽如一夜春风来，千树万树梨花开。——唐·岑参《白雪歌送武判官归京》

儿童散学归来早，忙趁东风放纸鸢。——清·高鼎《村居》

春风又绿江南岸，明月何时照我还。——宋·王安石《泊船瓜洲》

帘卷西风，人比黄花瘦。——宋·李清照《醉花阴》(薄雾浓云
愁永昼)

人面不知何处去，桃花依旧笑春风。——唐·崔护《题都城
南庄》

第四组家庭：马春萌、韩笑（表姐妹）

春

春风得意马蹄疾，一日看尽长安花。——唐·孟郊《登科后》

春风又绿江南岸，明月何时照我还。——宋·王安石《泊船
瓜洲》

春宵苦短日高起，从此君王不早朝。——唐·白居易《长
恨歌》

小楼一夜听春雨，深巷明朝卖杏花。——宋·陆游《临安春
雨初霁》

阳春布德泽，万物生光辉。——汉·乐府民歌《长歌行》

阳春召我以烟景，大块假我以文章。——唐·李白《春夜宴
从弟桃李园序》

十年春，齐师伐我。——《左传·庄公十年》(曹刿论战)

至若春和景明，波澜不惊，上下天光，一碧万顷。——
宋·范仲淹《岳阳楼记》

最是一年春好处，绝胜烟柳满皇都。——唐·韩愈《早春呈
水部张十八员外》

羌笛何须怨杨柳，春风不度玉门关。——唐·王之涣《凉州词》（其一）

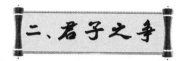

二、君子之争

第一组：牟广辉、牟金川 **VS** 胡维、涂思宇

（一）循字辨文题

1. 根据所给提示，说出一联古诗或一句古文。

提示字：**山**

			山			

提示字：**楼**

			山	楼		

提示字：**几**

			山	楼		
				几		

提示字: 青

		青	山	楼		
				几		

提示字: 湖

		青	山	楼		
	湖			几		

提示字: 楼

		青	山	楼		楼
	湖			几		

提示字: 西

		青	山	楼		楼
西	湖			几		

提示字: 时

		青	山	楼		楼
西	湖			几	时	

提示字: 休

		青	山	楼		楼
西	湖			几	时	休

提示字：**外**

	外	青	山	楼		楼
西	湖			几	时	休

提示字：**歌**

	外	青	山	楼		楼
西	湖	歌		几	时	休

提示字：**外**

	外	青	山	楼	外	楼
西	湖	歌		几	时	休

提示字：**山**

山	外	青	山	楼	外	楼
西	湖	歌		几	时	休

提示字：**舞**

山	外	青	山	楼	外	楼
西	湖	歌	舞	几	时	休

答案：山外青山楼外楼，西湖歌舞几时休？——宋·林升
《题临安邸》

2. 根据所给提示，说出一联古诗或一句古文。

提示字：**有**

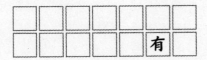

提示字：**是**

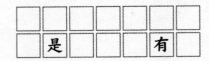

提示字：**无**

提示字：**西**

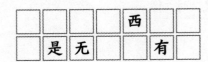

提示字：**日**

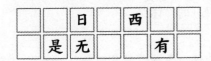

提示字：边

		日		西	边	
	是	无			有	

提示字：晴

		日		西	边	
	是	无			有	晴

提示字：晴

		日		西	边	
	是	无	晴		有	晴

提示字：雨

		日		西	边	雨
	是	无	晴		有	晴

提示字：东

东		日		西	边	雨
	是	无	晴		有	晴

提示字：出

东		日	出	西	边	雨
	是	无	晴		有	晴

提示字：道

东		日	出	西	边	雨
道	是	无	晴		有	晴

提示字：边

东	边	日	出	西	边	雨
道	是	无	晴		有	晴

提示字：却

东	边	日	出	西	边	雨
道	是	无	晴	却	有	晴

答案：东边日出西边雨，道是无晴却有晴。——唐·刘禹锡《竹枝词》（其一）

3. 根据所给提示，说出一联古诗或一句古文。

提示字：入

						入		

提示字：上

	上					入		

提示字：色

	上				色	入		

提示字：**绿**

| | | 上 | | 绿 | | 色 | 入 | | |

提示字：**痕**

| | 痕 | 上 | | 绿 | | 色 | 入 | | |

提示字：**帘**

| | 痕 | 上 | | 绿 | | 色 | 入 | 帘 | |

提示字：**草**

| | 痕 | 上 | | 绿 | 草 | 色 | 入 | 帘 | |

提示字：**青**

| | 痕 | 上 | | 绿 | 草 | 色 | 入 | 帘 | 青 |

提示字：**阶**

| | 痕 | 上 | 阶 | 绿 | 草 | 色 | 入 | 帘 | 青 |

提示字：**苔**

| 苔 | 痕 | 上 | 阶 | 绿 | 草 | 色 | 入 | 帘 | 青 |

答案：苔痕上阶绿，草色入帘青。——唐·刘禹锡《陋室铭》

（二）双项选择题

1. 以下哪两个词，在古诗文中经常作为月亮的别称？

A. 玉盘　　　　　B. 羲和　　　　　C. 圆魄

答案：A、C

> **嘉宾评点：** 这道题目有一个参考点：形状。玉盘是圆的，后面又带个圆，圆魄。那月亮总归是圆的。问题是在这个"羲和"，羲和她是中国远古神话里非常重要的一个人物，羲和不光是太阳神，还是太阳的妈妈，她生了十个太阳，厉害吧，所以她叫"日母"。在中国上古神话当中，她被视作或者叫做光明的缔造者，光明神。所以这也是个很厉害的人物，但她不是月亮。（钱文忠）

2. 以下几人中属于"神童"的诗人有谁？

A. 骆宾王　　　　B. 李贺　　　　　C. 苏洵

答案：A、B

3. 以下成语出自《论语》的有？

A. 谦谦君子　　　B. 既往不咎　　　C. 愚不可及

答案：B、C

（三）线索题

1. 历史人物

（1）智慧超群　　（2）辟谷修仙　　（3）开国功臣

（4）男生女相　　（5）暗杀秦始皇　（6）孺子可教

（7）鸿门宴　　　（8）运筹帷幄

答案：张良

　　嘉宾评点：这个真正明显的是第四个线索，就是男生女相。因为很多人对张良的这一点是忽略的。《史记》当中记载说他样貌非常好，如"妇人好女"，像一个妇人，还像一个容貌姣好的女子。张良是一位开国功臣，特别有谋略，策划用大铁椎去砸秦始皇的车，想谋杀秦始皇。所以一般人想到这个人应该是孔武有力的，没想到这个人放在今天来说，是有点"娘"的。但不是那种"娘"，只不过是外貌清秀但实际上很厉害的一个人。其实真正确定的倒是男生女相。如果智慧超群、辟谷修仙、开国功臣、男生女相这几个条件加在一起，基本可以坐实是张良。（钱文忠）

第二组：夏含章、杨沁　**VS**　马春萌、韩笑

（一）循字辨文题

1. 根据所给提示，说出一联古诗或一句古文。

提示字：**不**

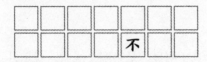

提示字：**下**

提示字：**人**

提示字：**无**

提示字：天

				无		
天	下		人	不		

提示字：**路**

			路	无		
天	下		人	不		

提示字：**己**

			路	无		己
天	下		人	不		

提示字：**前**

		前	路	无		己
天	下		人	不		

提示字：**识**

		前	路	无		己
天	下		人	不	识	

提示字：**愁**

	愁	前	路	无		己
天	下		人	不	识	

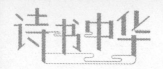

提示字：**知**

	愁	前	路	无	知	己
天	下		人	不	识	

提示字：**君**

	愁	前	路	无	知	己
天	下		人	不	识	君

提示字：**谁**

	愁	前	路	无	知	己
天	下	谁	人	不	识	君

提示字：**莫**

莫	愁	前	路	无	知	己
天	下	谁	人	不	识	君

答案：莫愁前路无知己，天下谁人不识君。——唐·高适《别董大》（其一）

2. 根据所给提示，说出一联古诗或一句古文。

提示字：**比**

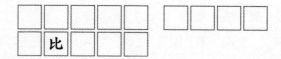

提示字：不

		不		
	比			

提示字：花

		不		
	比		花	

提示字：西

		不		
	比		花	

		西	

提示字：卷

		不		
	比		花	

	卷	西	

提示字：风

		不		
	比		花	

	卷	西	风

提示字：人

		不		
人	比		花	

	卷	西	风

诗书中华

提示字：销

		不	销				卷	西	风
人	比		花						

提示字：瘦

		不	销				卷	西	风
人	比		花	瘦					

提示字：帘

		不	销		帘	卷	西	风
人	比		花	瘦				

提示字：魂

		不	销	魂	帘	卷	西	风
人	比		花	瘦				

提示字：道

	道	不	销	魂	帘	卷	西	风
人	比		花	瘦				

提示字：黄

	道	不	销	魂	帘	卷	西	风
人	比	黄	花	瘦				

提示字: 莫

莫	道	不	销	魂

帘	卷	西	风

人	比	黄	花	瘦

答案: 莫道不销魂, 帘卷西风, 人比黄花瘦。——宋·李清照《醉花阴》(薄雾浓云愁永昼)

3. 根据所给提示, 说出一联古诗或一句古文。

提示字: 于

提示字: 于

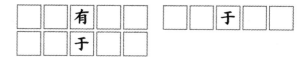

提示字: 有

提示字: 或

提示字：或

		有		

或		于		

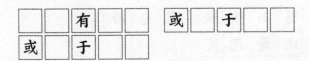

提示字：一

		有	一	

或		于		

提示字：固

	固	有	一	

或		于		

提示字：死

	固	有	一	死

或		于		

提示字：人

人	固	有	一	死

或		于		

提示字：山

人	固	有	一	死

或		于		山

或		于		

提示字：**鸿**

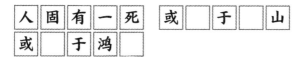

提示字：**毛**

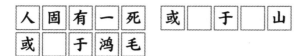

提示字：**泰**

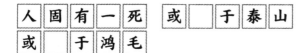

提示字：**轻**

提示字：**重**

答案：人固有一死，或重于泰山，或轻于鸿毛。——汉·司马迁《报任安书》

（二）双项选择题

1. 以下相传是炎帝女儿的神话人物是?

A. 瑶姬　　　　B. 嫘祖　　　　C. 女娃

答案：**A、C**

> **嘉宾评点：**正确的选项是 A 和 C，"瑶姬"和"女娃"。那第二项"嫘祖"并不是不重要，因为嫘祖是西陵氏之女，是轩辕黄帝的元妃。嫘祖发明了养蚕，历史上就叫"嫘祖始蚕"。（钱文忠）

2. 以下《诗经》中出现的定情信物有?

A. 木桃　　　　B. 琼瑶　　　　C. 蒹葭

答案：**A、B**

> **嘉宾评点：**不要忘记，投之以木桃、木李，这是女子先发动的爱情，那个男子就回报以琼瑶、琼玖，它是我们两个之间的互相约定。（张大春）

3. 以下成语故事与先秦时期楚国人有关的是?

A. 拔苗助长　　　　B. 刻舟求剑　　　　C. 自相矛盾

答案：**B、C**

（三）线索题

1. 文学家

（1）家徒四壁 　　（2）洗碗工 　　（3）迎娶富二代

（4）因病免官 　　（5）《长门赋》 　　（6）初名犬子

（7）辞宗赋圣 　　（8）《凤求凰》

答案：司马相如

第三组：夏含章、杨沁 *VS* 胡维、涂思宇

（一）循字辨文题

1. 根据所给提示，说出一联古诗或一句古文。

提示字：**花**

提示字：**无**

提示字：**日**

提示字：**穷**

				无	穷	
	日		花			

提示字：**荷**

				无	穷	
	日	荷	花			

提示字：**红**

				无	穷	
	日	荷	花			红

提示字：**叶**

			叶	无	穷	
	日	荷	花			红

提示字：**别**

			叶	无	穷	
	日	荷	花	别		红

提示字：**天**

	天		叶	无	穷	
	日	荷	花	别		红

提示字：**映**

	天		叶	无	穷	
映	日	荷	花	别		红

提示字：**莲**

	天	莲	叶	无	穷	
映	日	荷	花	别		红

提示字：**接**

接	天	莲	叶	无	穷	
映	日	荷	花	别		红

提示字：**样**

接	天	莲	叶	无	穷	
映	日	荷	花	别	样	红

提示字：**碧**

接	天	莲	叶	无	穷	碧
映	日	荷	花	别	样	红

答案：接天莲叶无穷碧，映日荷花别样红。——宋·杨万里《晓出净慈寺送林子方》

2. 根据所给提示，说出一联古诗或一句古文。

提示字：**水**

		水				

提示字：**山**

	山					
		水				

提示字：**花**

	山					
花		水				

提示字：**飞**

	山				飞	
花		水				

提示字：**前**

	山	前			飞	
花		水				

提示字：桃

提示字：鱼

提示字：白

提示字：流

提示字：鳜

提示字：塞

提示字: 肥

	塞	山	前	白		飞
桃	花	流	水	鳜	鱼	肥

提示字: 鹭

	塞	山	前	白	鹭	飞
桃	花	流	水	鳜	鱼	肥

提示字: 西

西	塞	山	前	白	鹭	飞
桃	花	流	水	鳜	鱼	肥

答案: 西塞山前白鹭飞, 桃花流水鳜鱼肥。——唐·张志和《渔歌子》

3. 根据所给提示, 说出一联古诗或一句古文。

提示字: 己

						己	

提示字: 不

不						己	

提示字：**不**

| 不 | | | | | 不 | | 己 | |

提示字：**以**

| 不 | | | | | 不 | 以 | 己 | |

提示字：**喜**

| 不 | | | 喜 | | 不 | 以 | 己 | |

提示字：**以**

| 不 | 以 | | 喜 | | 不 | 以 | 己 | |

提示字：**悲**

| 不 | 以 | | 喜 | | 不 | 以 | 己 | 悲 |

提示字：**物**

| 不 | 以 | 物 | 喜 | | 不 | 以 | 己 | 悲 |

答案：不以物喜，不以己悲。——宋·范仲淹《岳阳楼记》

（二）双项选择题

1.以下描写梅花的诗句有？

A.冰雪林中著此身，不同桃李混芳尘。

B. 不知近水花先发，疑是经冬雪未销。

C. 秀色未饶三谷雪，清香先得五峰春。

元·王冕《白梅》

冰雪林中著此身，不同桃李混芳尘。

忽然一夜清香发，散作乾坤万里春。

唐·张谓《早梅》

一树寒梅白玉条，迥临村路傍溪桥。

不知近水花先发，疑是经冬雪未销。

宋·曾巩《以白山茶寄吴仲庶见贶佳篇依韵和酬》

山茶纯白是天真，筠笼封题摘尚新。

秀色未饶三谷雪，清香先得五峰春。

琼花散漫情终荡，玉蕊萧条迹更尘。

远寄一枝随驿使，欲分芳种恨无因。

---

2. 下面哪两首诗涉及的季节是秋天？

A. 远上寒山石径斜

B. 满城尽带黄金甲

384

C. 望湖楼下水如天

答案：**A、B**

3. 以下诗句含有人物的是？

A. 东坡何所爱   B. 何日遣冯唐   C. 此地别燕丹

答案：**B、C**

宋·苏轼《临江仙》

夜饮东坡醒复醉，归来仿佛三更。家童鼻息已雷鸣。敲门都不应，倚杖听江声。

长恨此身非我有，何时忘却营营？夜阑风静縠纹平。小舟从此逝，江海寄余生。

宋·苏轼《江城子·密州出猎》

老夫聊发少年狂，左牵黄，右擎苍，锦帽貂裘，千骑卷平冈。为报倾城随太守，亲射虎，看孙郎。

酒酣胸胆尚开张，鬓微霜，又何妨！持节云中，何日遣冯唐？会挽雕弓如满月，西北望，射天狼。

唐·骆宾王《于易水送人》

此地别燕丹，壮士发冲冠。昔时人已没，今日水犹寒。

第十三集

诗书中华

（总决赛）

一、家有诗书

进入总决赛的8组家庭随机配对，根据题面所给文字及位置，轮流答出相应古诗文，答错或未在规定时间内作答的家庭将被淘汰，最终决出4组家庭，进入下一环节。

第一组：俞旭、俞露 **VS** 丁冠云、丁才祐

花

俞：来日绮窗前，寒梅著花未？——唐·王维《杂诗》（其二）

丁：夜来风雨声，花落知多少。——唐·孟浩然《春晓》

俞：感时花溅泪，恨别鸟惊心。——唐·杜甫《春望》

丁：待到重阳日，还来就菊花。——唐·孟浩然《过故人庄》

俞：花径不曾缘客扫，蓬门今始为君开。——唐·杜甫《客至》

丁：无可奈何花落去，似曾相识燕归来。——宋·晏殊《浣溪沙》（一曲新词酒一杯）

俞：去年今日此门中，人面桃花相映红。——唐·崔护《题都城南庄》

丁：借问酒家何处有？牧童遥指杏花村。——唐·杜牧

《清明》

俞：商女不知亡国恨，隔江犹唱后庭花。——唐·杜牧《泊秦淮》

第二组：王天博、王泽南 *VS* 李六保、姜喆

家风亮点：两位先生是不是应该给天博、泽南这对新婚的小夫妻送一些古诗文？（骆新）

虽然这是有喜糖吃，但是即便没糖吃，我们也推举大春先生赠诗表示祝贺。（钱文忠）

"宜家灼灼盈枝色，伴尔嘤嘤共诵声，一诺人间缘遇永，三生石上证新盟。"恭喜你们。（张大春）

不

王：只在此山中，云深不知处。——唐·贾岛《寻隐者不遇》

姜：深林人不知，明月来相照。——唐·王维《竹里馆》

王：知之为知之，不知为不知。——《论语·为政》

姜：不敢高声语，恐惊天上人。——唐·李白《夜宿山寺》

王：不知江月待何人，但见长江送流水。——唐·张若虚《春江花月夜》

姜：但使龙城飞将在，不教胡马度阴山。——唐·王昌龄

《出塞》

王：两岸猿声啼不住，轻舟已过万重山。——唐·李白《早发白帝城》

姜：黄沙百战穿金甲，不破楼兰终不还。——唐·王昌龄《从军行》（其四）

第三组：熊树星、熊子祥 VS 胡维、涂思宇

月

胡：举头望明月，低头思故乡。——唐·李白《静夜思》

熊：月出惊山鸟，时鸣春涧中。——唐·王维《鸟鸣涧》

胡：露从今夜白，月是故乡明。——唐·杜甫《月夜忆舍弟》

熊：床前明月光，疑是地上霜。——唐·李白《静夜思》

千

胡：千里黄云白日曛，北风吹雁雪纷纷。——唐·高适《别董大》（其一）

熊：忽如一夜春风来，千树万树梨花开。——唐·岑参《白雪歌送武判官归京》

胡：沉舟侧畔千帆过，病树前头万木春。——唐·刘禹锡《酬乐天扬州初逢席上见赠》

熊：飞流直下三千尺，疑是银河落九天。——唐·李白《望庐山瀑布》

胡：黄鹤一去不复返，白云千载空悠悠。——唐·崔颢《黄

鹤楼》

熊：欲穷千里目，更上一层楼。——唐·王之涣《登鹳雀楼》

第四组：李丹凤、李龙凤 **VS** 童昕、李点

天

童：天生我材必有用，千金散尽还复来。——唐·李白《将进酒》

李：江天一色无纤尘，皎皎空中孤月轮。——唐·张若虚《春江花月夜》

童：莫愁前路无知己，天下谁人不识君。——唐·高适《别董大》（其一）

李：两个黄鹂鸣翠柳，一行白鹭上青天。——唐·杜甫《绝句》

童：俱怀逸兴壮思飞，欲上青天览明月。——唐·李白《宣州谢朓楼饯别校书叔云》

李：了却君王天下事，赢得生前身后名。——宋·辛弃疾《破阵子·为陈同甫赋壮词以寄之》

童：轮台东门送君去，去时雪满天山路。——唐·岑参《白雪歌送武判官归京》

李：北风卷地白草折，胡天八月即飞雪。——唐·岑参《白雪歌送武判官归京》

二、君子之争

4组家庭，两两分组进行抢答对战，抢答题共7题，答对得分，答错则对方得分。率先获得4分的家庭胜出，进入下一环节。

第一组：李六保、姜喆 *VS* 俞旭、俞露

（一）循字辨文题

1.根据所给提示，说出一联古诗或一句古文。

提示字：**雨**

提示字：**少**

提示字：**百**

提示字: 寺

			百			寺
	少				雨	

提示字: 朝

	朝		百			寺
	少				雨	

提示字: 台

	朝		百			寺
	少		台		雨	

提示字: 十

	朝		百		十	寺
	少		台		雨	

提示字: 中

	朝		百		十	寺
	少		台		雨	中

提示字: 四

	朝	四	百		十	寺
	少		台		雨	中

提示字：楼

	朝	四	百		十	寺
	少	楼	台		雨	中

提示字：南

南	朝	四	百		十	寺
	少	楼	台		雨	中

提示字：多

南	朝	四	百		十	寺
多	少	楼	台		雨	中

提示字：烟

南	朝	四	百		十	寺
多	少	楼	台	烟	雨	中

提示字：八

南	朝	四	百	八	十	寺
多	少	楼	台	烟	雨	中

答案：南朝四百八十寺，多少楼台烟雨中。——唐·杜牧《江南春》

　　嘉宾评点： 如果按古音来念，这个"南朝四百八十寺"用仄声，全部都念应该是"南朝四百八十寺"。这念起来是有点拗口。

　　用今天的吴语方言还是念得出的，"四百八十寺"（上海话念），个个都准，因为寺庙太多了，一路走过去，马不停蹄，目不暇接。

　　这种做法，苏东坡在描写钟声时也用过，"明日颠风当断渡"，就是明天风会很大，大得河都过不了了。那他为什么要用这样的声调？它就是钟声，所以这就是音韵之美。（张大春）

2. 根据所给提示，说出一联古诗或一句古文。

　　提示字：**人**

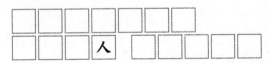

　　提示字：**墙**

提示字：墙

			墙		
墙			人		

(下排后接空格：墙 ☐ ☐ 人 ☐ ☐ ☐ ☐ ☐)

提示字：里

	里			墙	
墙			人		

提示字：里

	里			墙	
墙			人		里

提示字：行

	里			墙	
墙		行	人		里

提示字：道

	里			墙		道
墙		行	人		里	

提示字：墙

	里			墙		道
墙		行	人	墙	里	

提示字：佳

| | 里 | | | 墙 | | 道 |
| 墙 | | 行 | 人 | | 墙 | 里 | 佳 | | |

提示字：千

| | 里 | | 千 | 墙 | | 道 |
| 墙 | | 行 | 人 | | 墙 | 里 | 佳 | | |

提示字：笑

| | 里 | | 千 | 墙 | | 道 |
| 墙 | | 行 | 人 | | 墙 | 里 | 佳 | | 笑 |

提示字：秋

| | 里 | 秋 | 千 | 墙 | | 道 |
| 墙 | | 行 | 人 | | 墙 | 里 | 佳 | | 笑 |

提示字：墙

| 墙 | 里 | 秋 | 千 | 墙 | | 道 |
| 墙 | | 行 | 人 | | 墙 | 里 | 佳 | | 笑 |

提示字：外

| 墙 | 里 | 秋 | 千 | 墙 | | 道 |
| 墙 | 外 | 行 | 人 | | 墙 | 里 | 佳 | | 笑 |

提示字：**外**

墙	里	秋	千	墙	外	道

墙	外	行	人		墙	里	佳		笑

提示字：**人**

墙	里	秋	千	墙	外	道

墙	外	行	人		墙	里	佳	人	笑

答案：墙里秋千墙外道。墙外行人，墙里佳人笑。——宋·苏轼《蝶恋花》(花褪残红青杏小)

3. 根据所给提示，说出一联古诗或一句古文。

提示字：**之**

				之								

提示字：**之**

				之							之	

提示字：**字**

		字		之							之	

提示字：**品**

		字		之					品		之	

提示字：**仰**

| 仰 | | 字 | | 之 | | | | 品 | | 之 | |

提示字：**俯**

| 仰 | | 字 | | 之 | | 俯 | | 品 | | 之 | |

提示字：**宙**

| 仰 | | 字 | 宙 | 之 | | 俯 | | 品 | | 之 | |

提示字：**类**

| 仰 | | 字 | 宙 | 之 | | 俯 | | 品 | 类 | 之 | |

提示字：**大**

| 仰 | | 字 | 宙 | 之 | 大 | 俯 | | 品 | 类 | 之 | |

提示字：**盛**

| 仰 | | 字 | 宙 | 之 | 大 | 俯 | | 品 | 类 | 之 | 盛 |

提示字：**观**

| 仰 | 观 | 字 | 宙 | 之 | 大 | 俯 | | 品 | 类 | 之 | 盛 |

提示字：**察**

| 仰 | 观 | 字 | 宙 | 之 | 大 | 俯 | 察 | 品 | 类 | 之 | 盛 |

答案：仰观字宙之大，俯察品类之盛。——晋·王羲之《兰亭集序》

（二）双项选择题

1. 以下诗句原意是"以花喻人"的有？

A. 清水出芙蓉，天然去雕饰。

B. 有女同车，颜如舜华。

C. 南国有佳人，容华若桃李。

答案：**B、C**

嘉宾评点： 本来"芙蓉出水"这四个字，就是《诗品》的作者钟嵘拿来形容谢朓的诗的。由于李白欣赏谢朓，所以这个句子在他的心目中大概长期徘徊不去。比方说，这首诗就是李白忆旧游兼怀人来送给韦良宰的诗。这两句就是拿来形容韦良宰的诗如何如何，所以"清水出芙蓉，天然去雕饰"是用来形容诗文的。

2. 黄庭坚诗句"管城子无食肉相，孔方兄有绝交书"中写了以下哪些物品？

A. 筷子　　　　　B. 毛笔　　　　　C. 铜钱

答案：**B、C**

3. 李贺诗句"报君黄金台上意，提携玉龙为君死"中的

"黄金台"与以下哪些历史人物有关?

　　A. 燕昭王　　　　　B. 乐毅　　　　　C. 管仲

答案：**A、B**

第二组：熊树星、熊子祥 **VS** 李丹凤、李龙凤

（一）循字辨文题

1. 根据所给提示，说出一联古诗或一句古文。

提示字：**风**

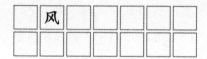

提示字：**熏**

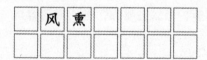

提示字：**人**

提示字：**作**

	风	熏			人	
				作		

提示字：得

	风	熏	得		人	
				作		

提示字：直

	风	熏	得		人	
直				作		

提示字：州

	风	熏	得		人	
直				作		州

提示字：醉

	风	熏	得		人	醉
直				作		州

提示字：把

	风	熏	得		人	醉
直	把			作		州

提示字：州

	风	熏	得		人	醉
直	把		州	作		州

提示字：暖

暖	风	熏	得		人	醉
直	把		州	作		州

提示字：游

暖	风	熏	得	游	人	醉
直	把		州	作		州

提示字：汴

暖	风	熏	得	游	人	醉
直	把		州	作	汴	州

提示字：杭

暖	风	熏	得	游	人	醉
直	把	杭	州	作	汴	州

答案：暖风熏得游人醉，直把杭州作汴州。——宋·林升
《题临安邸》

嘉宾评点： 这个作者林升是很有意思的。他留下这
么有名的一首诗，但是他的生平我们基本不知道，只知

道他是平阳人。这是中国历史上非常有意思的一种现象。人以诗传，人以文传，因为你创作出一首脍炙人口的诗文，所以你这个人也因此而不朽。（钱文忠）

2. 根据所给提示，说出一联古诗或一句古文。

提示字：**一**

提示字：**人**

提示字：**无**

提示字：**玉**

提示字：胜

		玉		一		
	胜		人		无	

提示字：数

		玉		一		
	胜		人		无	数

提示字：逢

		玉		一		逢
	胜		人		无	数

提示字：风

	风	玉		一		逢
	胜		人		无	数

提示字：便

	风	玉		一		逢
便	胜		人		无	数

提示字：金

金	风	玉		一		逢
便	胜		人		无	数

提示字：**却**

金	风	玉		一		逢
便	胜	却	人		无	数

提示字：**相**

金	风	玉		一	相	逢
便	胜	却	人		无	数

提示字：**露**

金	风	玉	露	一	相	逢
便	胜	却	人		无	数

提示字：**间**

金	风	玉	露	一	相	逢
便	胜	却	人	间	无	数

答案：金风玉露一相逢，便胜却人间无数。——宋·秦观《鹊桥仙》（纤云弄巧）

3. 根据所给提示，说出一联古诗或一句古文。

提示字：**于**

			于										

提示字：之

| | | | 于 | | | | | | | 之 | |

提示字：一

| | | | 于 | | | | | | | 之 | 一 | |

提示字：天

| | | | 于 | 天 | | | | | | 之 | 一 | |

提示字：海

| | | | 于 | 天 | | | | | 海 | 之 | 一 | |

提示字：寄

| 寄 | | | 于 | 天 | | | | 海 | 之 | 一 | |

提示字：地

| 寄 | | | 于 | 天 | 地 | | | 海 | 之 | 一 | |

提示字：沧

| 寄 | | | 于 | 天 | 地 | | 沧 | 海 | 之 | 一 | |

提示字：渺

| 寄 | | | 于 | 天 | 地 | 渺 | 沧 | 海 | 之 | 一 | |

提示字：粟

| 寄 | | | 于 | 天 | 地 | | 渺 | 沧 | 海 | 之 | 一 | 粟 |

提示字：蜉

| 寄 | 蜉 | | 于 | 天 | 地 | | 渺 | 沧 | 海 | 之 | 一 | 粟 |

提示字：蝣

| 寄 | 蜉 | 蝣 | 于 | 天 | 地 | | 渺 | 沧 | 海 | 之 | 一 | 粟 |

答案：寄蜉蝣于天地，渺沧海之一粟。——宋·苏轼《前赤壁赋》

（二）双项选择题

1. 陶渊明诗《读山海经》里有两句："_____衔微木，将以填沧海。_____舞干戚，猛志固常在。"请问这两个典故分别提到了谁？

　　A. 精卫　　　　　B. 刑天　　　　　C. 蚩尤

答案：**A、B**

2. 蘅塘退士的《唐诗三百首》中收录了以下哪两位诗人的作品？

　　A. 李贺　　　　　B. 李隆基　　　　C. 李商隐

答案：**B、C**

3. 孟子认为"君子有三乐"之论，下列哪项在其"三乐"之列？

A. 父母俱在，兄弟无故。

B. 乐民之乐者，民亦乐其乐。

C. 得天下英才而教育之。

答案：A、C

（三）线索题

1. 一种植物

（1）可以泡酒　　　（2）可以泡茶　　　（3）林黛玉

（4）夕餐落英　　　（5）重阳佳节　　　（6）陶渊明

（7）黄金甲　　　　（8）花之隐逸者

答案：菊花

君子之争巅峰对决

2组家庭，4人轮流回答古诗文相关知识题，答对换对方家庭答题，答错者立即停止答题，一方家庭两人全部停止答题则比赛结束。获胜家庭即成为本季"诗书中华"总冠军。

熊树星、熊子祥 **VS** 俞旭、俞露

1.我国第一部诗歌总集是?（俞）

> **答案:《诗经》**

2."昔年有狂客，号尔谪仙人"，"谪仙人"指哪位诗人?（熊）

> **答案: 李白**

3."欲穷千里目，更上一层楼"说的楼是?（俞）

> **答案: 鹳雀楼**

4."但愿人长久，千里共婵娟"写的是哪个传统节日?（熊）

> **答案: 中秋节**

5."独在异乡为异客，每逢佳节倍思亲"写的是哪个传统节日?（俞）

> **答案: 重阳节**

6."月上柳梢头，人约黄昏后"是发生在哪个节日的情

形？（熊）

答案：元宵节

7. "日暮汉宫传蜡烛，轻烟散入五侯家"反映的是哪个节日的风俗？（俞）

答案：寒食节

8. 电影《一江春水向东流》取名自我国古代哪位词人的作品？（熊）

答案：李煜

9. 李清照词句"人比黄花瘦"中的"花"是什么花？（俞）

答案：菊花

10. "三顾频烦天下计，两朝开济老臣心"，"老臣"指的是？（熊）

答案：诸葛亮

11. "不以物喜，不以己悲"出自哪篇古文？（俞）

答案：《岳阳楼记》

12. "蚍蜉撼大树，可笑不自量"中"蚍蜉"是指？（熊）

答案：蚂蚁

13. "朔风如解意，容易莫摧残"描写的是什么花？（俞）

答案：梅花

14. "群山万壑赴荆门，生长明妃尚有村"中"明妃"是谁？（熊）

答案：王昭君

15. "王杨卢骆当时体，轻薄为文哂未休"中"王杨卢骆"

指的分别是?(俞)

答案:王勃、杨炯、卢照邻、骆宾王

16."潇湘妃子"是《红楼梦》中哪位人物的别号?(熊)

答案:林黛玉

17."冲冠一怒为红颜"中的"红颜"是指?(俞)

答案:陈圆圆

18."在天愿作比翼鸟,在地愿为连理枝"描写的是哪两个人的爱情故事?(熊)

答案:唐明皇和杨贵妃(李隆基和杨玉环)

19."落霞与孤鹜齐飞,秋水共长天一色"出自哪篇文章?(俞)

答案:《滕王阁序》

20."陈王昔时宴平乐,斗酒十千恣欢谑"中的"陈王"是谁?(熊)

答案:曹植

21. 王实甫《西厢记》"淋漓襟袖啼红泪,比司马青衫更湿"中"司马"指的是?(俞)

答案:白居易

22. 中国儒家经典"四书"是指?(熊)

答案:《大学》《中庸》《论语》《孟子》

23.《诗经》一共有多少篇?(俞)

答案:305 篇

24."林暗草惊风,将军夜引弓"描写的是哪位历史人物?(熊)

答案:李广

25. 苏轼《春宵》中"春宵一刻值千金"的下句是?（俞）

答案：**花有清香月有阴**

26. 成语"才高八斗"最早是夸赞哪位诗人的?（熊）

答案：**曹植**

27. "天行有常，不为尧存，不为桀亡"是哪位思想家的观点?（俞）

答案：**荀子**

> **主持人总结**：恭喜熊树星，也恭喜熊子祥，成为本季"诗书中华"的总冠军。在我们这个节目一路走来的过程当中，我们每一个爱好诗文的家庭、每一个爱好诗文的选手，都通过"群贤毕至，少长咸集"的方式来感受到经典和美文的快乐，也希望下一个天朗气清的日子，让我们的曲水流觞再次流转起来，共同迎来"诗书中华"第二季。再见!

诗书达人自测题

单项选择题

一、请根据题意，在以下三个答案选项中选出正确的一项

1. 下列古诗文句中，没有"少年儿童"含义的是？

A. 一抔之土未干，六尺之孤何托？

B. 三尺微命，一介书生。

C. 伛偻提携，往来而不绝者。

答案：**B**

2. 秦观《鹊桥仙》"金风玉露一相逢，便胜却人间无数"中的"金风"是指？

A. 风中的黄花　　　B. 暖和的风　　　C. 秋天的风

答案：**C**

3. 以下诗句中，诗人与"对方"不是夫妻关系的是？

A. 寝兴目存形，遗音犹在耳。

B. 惟将终夜长开眼，报答平生未展眉。

C. 妆罢低声问夫婿，画眉深浅入时无。

答案：**C**

4. 以下哪一句话可以用来激励人"老有所为"？

A. 夕阳无限好，只是近黄昏。

B. 莫道桑榆晚，为霞尚满天。

C. 冯唐易老，李广难封。

答案：**B**

5."客从远方来，遗我双鲤鱼"，后来"双鲤"被用作什么的代称？

    A. 书信   B. 佳肴   C. 客人

答案：**A**

6. 王安石有诗句"京口瓜洲一水间，钟山只隔数重山"，请问"钟山"指的是今天的什么山？

    A. 石钟山   B. 紫金山   C. 终南山

答案：**B**

7. 孟浩然的诗句："气蒸云梦泽，波撼岳阳城。"请问诗中的"云梦泽"是哪个景点的别称？

    A. 洞庭湖   B. 西湖   C. 鄱阳湖

答案：**A**

8. 唐代著名诗人李涉有诗云："因过竹院逢僧话，偷得浮生半日闲。"这是他什么时候写下的诗句？

    A. 登山出游   B. 进京赶考   C. 军旅途中

答案：**A**

9. 成语"一衣带水"中的"水"原指什么？

    A. 黄河   B. 长江   C. 淮河

答案：**B**

10. 在"二十四史"中，以下哪一部属于通史？

A.《史记》　　　　B.《汉书》　　　　C.《左传》

11. "红娘"今指代为爱情牵线搭桥的人，请问她最早出现在哪部文学作品中？

A. 元稹的《莺莺传》

B. 王实甫的《西厢记》

C. 汤显祖的《牡丹亭》

12. 文人对各种植物有自己的偏爱，苏东坡说过："宁可食无肉，不可_____。"

A. 居无梅　　　　B. 居无竹　　　　C. 居无菊

13. 高适写给杜甫的诗中有"人日题诗寄草堂"，请问"人日"是哪一天？

A. 正月初一　　　B. 正月初五　　　C. 正月初七

14.《诗经·小雅·大东》"东有启明，西有长庚"，诗中的"启明"和"长庚"指的是哪颗行星？

A. 火星　　　　　B. 金星　　　　　C. 木星

15. "苟日新，日日新，又日新"这句铭文，曾被商王成汤

刻在以下哪种器皿上?

A. 盘子　　　　　B. 浴盆　　　　　C. 编钟

答案: **B**

16. 年轻女子的细腰也称"小蛮腰",出自诗句"樱桃樊素口,杨柳小蛮腰",请问作者是谁?

A. 柳永　　　　　B. 苏轼　　　　　C. 白居易

答案: **C**

17. "君子坦荡荡,小人长戚戚","戚戚"两字什么意思?

A. 忧惧　　　　　B. 谄媚　　　　　C. 阴险

答案: **A**

18.《礼记·学记》中,"玉不琢,不成器;人不学,____。"

A. 不成材　　　　B. 不知道　　　　C. 不知义

答案: **B**

19.《红楼梦》中咏菊诗"毫端蕴秀临霜写"的下一句是什么?

A. 爱此花香与月阴

B. 花有清香月有阴

C. 口齿噙香对月吟

答案: **C**

20. 王维《终南山》诗说:"隔水问樵夫",他向樵夫询问了什么事?

A. 上山的路线　　　B. 住宿的地方　　　C. 过河的方法

答案: **B**

"诗书中华"栏目组

总 顾 问　姚喜双

总 策 划　王建军　高韵斐　滕俊杰

总 统 筹　袁　雷

总 监 制　李　勇　李　逸　鲍晓群

监　　制　吴朝阳　任　静　袁晓民

总 导 演　王昕轶

文化顾问　方笑一　郑　毅

指导单位　国家语言文字工作委员会

支持单位　上海市语言文字工作委员会

　　　　　中共上海市教育卫生工作委员会

　　　　　上海市教育委员会

鸣　　谢　SMG版权资产中心

　　　　　华东师范大学

图书在版编目(CIP)数据

诗书中华. 第 1 季/"诗书中华"栏目组编.—上
海:上海人民出版社,2017
ISBN 978 - 7 - 208 - 14678 - 5

Ⅰ.①诗…　Ⅱ.①诗…　Ⅲ.①中华文化-通俗读物
Ⅳ.①K203 - 49

中国版本图书馆 CIP 数据核字(2017)第 178684 号

责任编辑　黄玉婷　范　晶
封面设计　范昊如　夏　雪　等

诗书中华(第一季)
"诗书中华"栏目组 编
世 纪 出 版 集 团
上海人民出版社出版
(200001　上海福建中路 193 号　www.ewen.co)
世纪出版集团发行中心发行　上海商务联西印刷有限公司印刷
开本 890×1240　1/32　印张 13.25　插页 4　字数 261,000
2017 年 8 月第 1 版　2017 年 8 月第 1 次印刷
ISBN 978 - 7 - 208 - 14678 - 5/Ⅰ·1647
定价 48.00 元